LA PITJOR MARE DEL MÓN, EL MANUAL

Anna Manso

LA PITJOR MARE DEL MÓN, EL MANUAL

CONVERTEIX-TE EN UNA MARE O PARE IMPERFECTES EN 10 LLIÇONS

Columna

Primera edició: novembre del 2013

Carrer Pedro i Pons, 9-11, 11a planta - 08034 Barcelona
ISBN: 978-84-664-1732-7
Dipòsit Legal: B. 24.022-2013
Fotocomposició: Víctor Igual, s.l.
Carrer Aragó, 390 - 08013 Barcelona
Imprès a: Reinbook

www.columnaedicions.cat

Per al Joanfran, l'Eva,
el Pol i el Nil.

ÍNDEX

LLIÇÓ 4

DETECTARÀS LES TRAMPES MORTALS DE FESTES, TEMPS D'OCI I ALTRES SITUACIONS EXTREMES

LLIÇÓ 5

APLICARÀS LES NORMES DISCIPLINÀRIES QUE ET CONVINGUIN

LLIÇÓ 8

ESTUDIARÀS ELS MENORS D'EDAT QUE TENS A CÀRREC AMB ESPERIT CIENTÍFIC

LLIÇÓ 9

APRENDRÀS DELS ALTRES ALLÒ QUE ET CONVINGUI. EL QUE NO ET CONVINGUI, DONCS NO

INTRODUCCIÓ

Estimats lectors, el llibre que teniu a les mans és l'explicació impúdica de la transformació que he experimentat fins a assumir la feliç personalitat de la pitjor mare del món. Una transformació que, al contrari de la que va patir el pobre Gregor Samsa, us convido a imitar per tal de deixar enrere el martirologi de la perfecció maternopaternal.

Sí, aquest és un llibre per a totes aquelles persones amb menors d'edat a càrrec, especialment pares i mares, amb ganes de donar un tomb a la seva vida i de saber que els matins són alguna cosa més que una cursa contrarellotge per aconseguir que aquells éssers que es resisteixen a llevar-se entrin per la porta de l'escola amb un aspecte presentable. Sí, senyores i senyors, si els nostres fills insisteixen a anar a l'escola pentinats com un revival de Rod Stewart, amb una sabatilla rosa robada a la germana a un peu i una vamba pudent a l'altra, i amb la crosta dels esmorzars de tres dies enganxada a la cara, nosaltres ens podem limitar a avisar-los de les conseqüències legals i del seu poc èxit social, i punt! Però això no és tot! Si això passa, i els menors entren al recinte escolar amb un aspecte tan lamentable, els progenitors ens podem mirar al mirall i seguir considerant-nos persones!

Perquè, oh progenitors que aspireu a l'Olimp, on hi nien deesses tan dignes de ser emulades com Mary Poppins, les nostres mares, i les mares i pares de tots els altres menors que tenim al voltant, jo he vingut a proposar-vos un repte: oblideu-vos-en! Deixeu enrere aquest camí costerut i relliscós i descobriu un nou paradigma: hi ha vida més enllà de la perfecció. O, dit d'una altra manera, deixeu-vos de punyetes i sigueu benvinguts al club dels pares i mares imperfectes.

Jo no sempre he estat igual de sàvia. No, no. Tot procés té un perquè. La personalitat que he abraçat amb entusiasme, la que m'ha salvat de la bogeria, aquesta que em fa aparèixer als mitjans de comunicació disfressada amb unes ulleres de 3D, no va sorgir de forma immediata. Va venir una mica per etapes.

Ja no sóc la persona que prenia el sol un 21 de juliol de 1999, ni tampoc la persona que l'endemà mirava amb cara d'espant aquella nena que havia aparegut tres setmanes abans del que li tocava. Tampoc la que va pensar que tenir germans és el millor regal que es pot fer a una nena camí de ser filla única. Ni la dona que desitjava que el tercer fill tingués esperit d'àrbitre per mitjançar entre els dos germans grans. Tota transformació autèntica té un punt àlgid conegut mundialment com «la patacada», també com a crisi, cul-de-sac i altres noms que signifiquen el mateix, un moment patètic i per oblidar. En el meu cas aquest forat negre emocional l'he batejat amb el nom de: l'episodi de la carta de dimissió.

LA CARTA DE DIMISSIÓ

Era un dia funest. No, no plovia. No, no, tampoc feia fred, ni una calor insuportable. Que no, que tampoc hi havia boira, coi de tòpics! De fet no tinc ni un repunyeter record del temps que feia ni falta que fa. Només sé que em vaig tancar al lloc més íntim de la casa, el lavabo, i, com si no en tingués prou, vaig jeure a la banyera amb les cortines corregudes i vaig tancar els ulls. Ah, quin descans, em vaig dir... Casunlou, encara sentia de lluny la seva remor; i l'esquena i el cul se m'estaven glaçant! Uns taps a les orelles i unes tovalloles van ser la solució per aconseguir, per fi, l'aïllament que buscava. I allà, en aquell estat ridícul i perfecte, vaig redactar la carta de dimissió que aquí transcric:

«Benvolguts responsables del departament de maternitat/paternitat de la província de Barcelona,

Com a titular dels expedients MEC1999, MEC2001 i MEC2005 els presento la carta de dimissió de les meves funcions. La causa no és altra que la meva reiterada ineptitud i escassa efectivitat i el meu esgotament. Tal situació té un ferm suport científic i ha estat convenientment estudiada per una entitat gens independent, és a dir, servidora. El resultat de l'estudi és contundent: anys i panys després d'exercir el càrrec de titular dels tres expedients, el nivell d'ineptitud s'entossudeix en un 85,33 %, l'efectivitat s'estanca en un deplorable 7,59 % i l'esgotament augmenta el doble que l'IPC anual.

Tal com consta a l'expedient MEC1999, la titular ja fa uns quants anys que prova d'exercir una influència moderada i el màxim d'inofensiva en els seus menors d'edat a càrrec (els tres MEC citats anteriorment) i avui plega. Per què avui i no ahir? O demà? O d'aquí a tres mesos? La resposta no és fàcil i alguna ànima insensible pot pensar que les meves motivacions són dèbils i egoistes. Però totes aquelles persones que es troben en la meva situació comprendran el meu neguit i la meva impotència. Fa deu dies em disposava a escriure les primeres paraules d'un nou llibre, un projecte llargament ajornat que pretenia iniciar amb l'alegria i la inconsciència inherent a tot projecte literari.

Hores abans, a la 01.16 a.m. de la matinada vaig ser requerida per l'element MEC2005, també conegut per "el petit" amb molèsties otorinolaringològiques. Otitis, vaja. El vaig dopar amb líquid taronja, vaig encendre l'ordinador per programar una visita al metge a primera hora de la tarda gràcies al programa informàtic de l'ICS, vaig planificar un matí d'abducció televisiva del petit i vaig enllitar-me pensant que el meu projecte literari encara tenia futur. A les 04.19 a.m. l'element MEC1999, la gran dels menors d'edat que tinc a càrrec, va decidir presentar un quadre gripal agut. La vaig dopar amb líquid rosa, ja no vaig demanar hora al metge perquè sóc una ciutadana responsable i no volia col·lapsar el sistema amb un cas que només necessita antitèrmics, líquids i repòs, i vaig començar a témer seriosament per les primeres frases del meu llibre. Temor que es va convertir en certesa a les 07.31 a.m. quan el MEC2001, un element que gaudeix habitualment d'una salut de ferro, es va llevar d'un bot i va córrer fins al lavabo, víctima d'uns molestos virus gastrointestinals.

Els dies successius es podrien descriure amb una carretada d'adjectius menys els de literaris, plàcids i engrescadors. El fat va voler que l'epidèmia de virus gens greus i altament molestos coincidís amb un viatge dels avis de les criatures al seu poble d'origen, a massa quilòmetres de distància, i amb unes jornades culturals organitzades per l'altra àvia de les criatures a la llar de gent gran del barri. Però el destí, sàdic, va insistir a assaonar la ferida amb una altra circumstància de nou gens greu i molt, molt molesta: la caldera va fer *kaputt*. Per tant, a la tensió inherent de tres menors d'edat a càrrec pul·lulant irritats i griposos per la llar, hi vam afegir l'absència d'aigua calenta i de calefacció en ple mes de gener. Per sort a dues habitacions i a la sala menjador hi tenim instal·lats aparells d'aire condicionat amb bomba de calor. Per dissort la circumstància va obligar els menors d'edat i servidora a conviure massa hores a una mateixa estança del pis. El que m'ha acabat de rematar han estat les obres d'instal·lació de la nova caldera, que ha hagut de ser traslladada de lloc per complir una nova normativa. La barreja de pols, virus, baralles, estrès, jocs anats de l'olla, xarops, avorriment, termòmetres, defenses baixes i els anys de criança acumulats han portat al límit la meva resistència.

Plego jo, i sospito que plega el pare de les criatures amb qui he fet torns aquests dies per poder treballar o fer-ho veure. Per tant, els demano que tinguin cura dels tres expedients amb la professionalitat que a mi m'ha mancat.

Atentament,

A.M.M.»

Un cop la vaig haver enllestit em vaig quedar tan descansada que em vaig adormir. Hores després em vaig llevar, encarcarada i amb una torticoli de cavall. A casa hi regnava un silenci sospitós. La causa no era altra que la son. Els tres menors d'edat que tinc a càrrec dormien esgotats amb una nota del lampista al costat, anunciant que la caldera ja estava instal·lada, que se n'anava i que ja passaria a cobrar. I que no ens havia despertat perquè es feia càrrec del nostre delicat equilibri psicològic i espiritual. Efectivament els radiadors de gas tornaven a emetre aquella escalforeta tan agradable i en lloc de dutxa escocesa de nou teníem una dutxa d'aigua calenta. Per contra el termòmetre indicava que els meus fills havien recuperat la temperatura normal. L'escalfor, el silenci i aquells trenta-sis graus a la pantalleta digital del termòmetre em van commoure de tal manera que de sobte ho vaig veure clar, vaig estripar la carta (només una mica, per si de cas, per això l'he pogut transcriure) i em vaig jurar a mi mateixa que seguiria fent-me càrrec d'aquells tres expedients, això sí, d'una manera radicalment diferent.

Llavors van trucar a la porta. Era el carter, que sap que sóc l'única veïna que és a casa a les dotze del migdia i sempre truca al meu timbre. Aquell dia el sobre més gros contenia la revista del Tr3sC, que duia de regal unes ulleres de 3D. Una veueta interior va xiuxiuejar-me insistent: «Posa-te-les! Posa-te-les!», i me les vaig posar en el mateix instant que els menors d'edat que tinc a càrrec es desvetllaven. Veure'ls amb aquella barreja de blau i vermell, veure'm ells amb les ulleres sobre el nas, tot va ser un. Ens va agafar un atac de riure històric i sense adonar-me'n, així, entre rialla i rialla, la imperfecció va entrar a la meva vida. La pitjor mare del món acabava de néixer i res va tornar a ser mai més igual.

EL TEST

Potser has obert aquest llibre per saber com és la vida d'una mare nefasta. Tal vegada creus que res del que apareix en aquestes pàgines et concerneix a tu, persona adulta amb el cap ben centrat, i vols rabejar-te amb la poca destresa de l'autora amb els seus fills. Endavant, doncs, gaudeix de l'espectacle. O, vés a saber, tens un rau-rau que se't menja perquè no saps si ets igual que jo abans de calçar-me les ulleres de 3D i, tipa i cuita de lluitar amb tu mateixa, vols provar de canviar. Si és així, si potser creus que aquest llibre parla al teu esperit fatigat però no n'estàs del tot segura, no el tanquis, segueix llegint-lo unes pàgines més i fes el test. Després pots deixar de dissimular fent veure que vols o no vols el llibre, acosta't a la caixa i paga'l. Gràcies. Ah, i si creus que un test amb tan poques preguntes és poc científic tens raó. Però funciona.

1.

El teu menor d'edat que tens a càrrec d'onze anys t'exigeix un estri tecnològic que truca, té jocs, connexió a internet, un reproductor musical i el logo d'una poma.

a. Obres un compte d'estalvi al seu nom, hi diposites trenta euros al mes i li jures al nen que d'aquí a deu mesos serà seu, encara que hagis d'atracar un banc.

b. Enganxes una poma i un telèfon de joguina al teu vell magnetòfon i l'hi regales junt amb la teva col·lecció de cintes de casset.

c. Li fas un power point sobre l'absurditat de dependre dels objectes materials i l'empobriment espiritual que això comporta.

2.

Fa una setmana que plou. Vas a buscar els menors d'edat que tens a càrrec a l'escola i surten sense paraigua. Tanquen la porta de l'escola i no els pots recuperar. Tu acabes de planxar-te els cabells i has tingut cura de no oblidar-te el teu, de paraigua.

a. Demanes als nens que s'arrambin a una iaia amb un paraigua gros mentre tu, sempre amb el teu paraigua a la mà per no desplanxar-te els cabells, escales la tàpia del pati, t'esgarrinxes les mitges, saltes, et torces un peu, t'és igual, avances, desconnectes l'alarma, salta l'alarma, et detenen, dónes explicacions, et deixen anar per pena i surts amb tres paraigües a les mans, perquè sí, has aconseguit continuar amb el teu a la mà i una melena llisa i brillant al cap.

b. Entres al bar que hi ha al costat de l'escola, bereneu, els nens fan els deures amb l'ajuda del senyor del bar, que sap més matemàtiques que tu, passa el temps, hi sopeu, t'adones que no portes un duro i que és la tercera vegada que et passa, fas que els nens parlin de la crisi i posin els ulls de fer pena del gat de l'Shrek, el senyor del bar et torna a dir que ja ho trobarem. Para de ploure i torneu a casa amb la panxa plena, els deures fets i els cabells impecables.

c. Els cedeixes el teu paraigua i en arribar a casa els fas un power point sobre la importància de l'autonomia, la responsabilitat i el cost de les perruqueries, per molt que siguin de barri.

3.

El menor d'edat que tens a càrrec de sis anys surt de classe entusiasmat afirmant que ha convidat quinze amiguets a berenar. Les mares i pares dels amiguets exclamen a cor: «Oh, que bé!».

a. Te'ls endús tots a casa, els cuines una coca, els organitzes una gimcana, una obra de teatre i un ball. Algú per accident et tanca a dins un armari i, incomprensiblement, exclama: «La pesada està neutralitzada!». Quan surts has de demanar una hipoteca al banc per arranjar els desperfectes, però et dius que tot sigui per la felicitat dels fills.

b. Simules caure a terra i patir convulsions durant tres o quatre segons i treus escuma per la boca. T'alces de terra com si res, expliques que això et passa de tant en tant però que no té importància. La gent recorda de sobte que el nen té hora al podòleg i te'n vas a casa només amb el teu fill. Li promets que jugareu al parxís.

c. T'endús els nens a casa i els projectes el teu power point preferit, aquell que parla sobre el respecte als objectes materials aliens, ple de fotos de gatets i postes de sol. Els nens juguen a gats salvatges i has d'acabar demanant una ampliació de la hipoteca al banc per arranjar els desperfectes. Prepares un altre power point per convèncer el director de l'agència bancària.

4.

El teu dolç menor d'edat a càrrec de set anys et diu que els deures els faci la teva puta mare. L'interrogues i descobreixes que el seu millor amic és el culpable de l'ampliació del seu vocabulari.

a. Convides el seu millor amic a passar el cap de setmana i li ofereixes l'amor i la sensibilitat que a casa seva, ben segur, no li ofereixen. El nen et toca el cul fins a quatre vegades, es pixa fora del vàter unes quatre més i quan jugueu a les pel·lícules només proposa títols porno. Al final t'emociones quan el nen plora quan és l'hora de tornar a casa seva i et diu que mai s'ho havia passat tan de puta mare.

b. Convides el nen a berenar al bar del costat de la comissaria dels Mossos d'Esquadra. Assenyales els policies i li dius al nen que tots ells són amiguets teus i que si segueix ensenyant paraules lletges al teu fill haurà d'explicar a aquells senyors el que fa. Fas que li portin un entrepà d'escalivada amb sardines i el nen se'l menja sense dir ni piu.

c. Convides el nen a passar una estona a casa teva i li projectes un power point sobre els renecs que respecten la diversitat, el gènere i l'autoestima. Exemple: macarrons en lloc de collons.

RESULTATS:

Majoria de respostes *a*: necessites aquest llibre amb urgència! T'has empassat l'enganyifa segons la qual un bon pare o una bona mare és aquell que perd el cul pels seus plançons les vint-i-quatre hores del dia, els tres-cents seixanta-cinc dies de l'any, i que l'únic objectiu de la seva vida és aconseguir el títol de màster de progenitoreïtat ideal. Cal que agafis distància i aprenguis noves estratègies de relació, introduint dins del teu vocabulari paraules i expressions com: «No», «Jag talar endast svenska» (només parlo suec), «Potser» i «No en tinc ni punyetera idea».

Majoria de respostes *b*: vas bé. Vas molt bé. Però mai sobra repassar continguts. Et recomano que et compris el llibre per si de cas. I perquè em faries un favor, tampoc t'enganyaré.

Majoria de respostes *c*: no sé com dir-t'ho sense fer servir un power point... Tant se val, no ho intentis. Imagina't una foto d'un osset alçant de forma significativa el dit del cor de la mà dreta i al costat un títol escrit: «Botifarra a la tecnologia! Viu!». Després desinstal·la't el programa de presentacions i per fer-te passar la síndrome d'abstinència tot seguit llegeix el llibre que tens a les mans (passant prèviament per caixa, pensa en els meus tres fills). Descobriràs que ets qui més necessita aquest llibre. I que hi ha altres maneres de comunicar-te amb els fills més enllà de les fotos de cadells i de paisatges ensucrats.

EL TRÀILER

Si després de fer el test encara tens dubtes, és normal. Hem rebut massa trucades a casa venent-nos enciclopèdies a terminis, matalassos amb una garrafa d'oli de regal i fibra òptica per deu euros. Només et demano que llegeixis fins al final d'aquest capítol. Les noves tendències sobre psicologia transformadora, per més noves que siguin, ofereixen una tècnica més vella que anar a peu. Ells en diuen visualització i jo, de formació audiovisual, tràiler. I és això el que et proposo, que tinguis un besllum del que pot ser el teu futur si segueixes al peu de la lletra els consells d'aquest manual. Per fer-ho bé, tria una habitació on ningú et molesti, seu i tanca els ulls, o vés al bar del costat de casa, posa't ulleres de sol i tanca els ulls. Si a més demanes un whisky de garrafa ningú et molestarà ni pensarà que t'has grillat. Molt bé, ja tens els ulls tancats. Ara imagina...

...Sona el despertador, és dissabte. No és com tots els altres dissabtes. Avui val la pena llevar-se. Els menors d'edat que tens a càrrec t'han preparat l'esmorzar i han endreçat la cuina. Sí, ho han deixat tot fet un merder. Sí, l'esmorzar és a base de productes amb greixos trans i conservants. Però ja no ets la persona que se sentia fracassada perquè els fills no havien interioritzat la piràmide dels aliments políticament correcte. Ni la que vivia com una derrota cada cuina per higienitzar. Ara gaudeixes de l'esmorzar (potser no te l'acabes, però ho fas veure) i després els dius als fills que gràcies, però que ara jugarem al joc del «Passa el netejador per la cuina, oi que bé». Tu, però, no pots jugar-hi, els dius, perquè tens una hèrnia al dit petit del peu dret. Ells es resisteixen, però els dius que l'hèrnia no es curarà fins que no juguin al joc. Llavors podreu anar al parc a pasturar una estona. Ells capten el subtext i enfilen cap a la cuina. Quan han enllestit t'avisen i et troben a punt per marxar.

Al parc localitzes el lloc on hi ha més sol (o més ombra, a triar segons la temperatura del dia que t'ho imaginis) i t'hi instal·les. Has portat el diari del dia i els promet als teus fills que jugaràs amb ells d'aquí a una estona. No ho fas per egoisme, no, no, no. Ho fas perquè així s'espavilen, aprenen a fer amics i a interactuar entre ells. I ho fan. Cada vegada que llancen la pilota al teu costat la xutes, aplaudeixes i tornes al diari. Al final, quan ja t'has deprimit amb les notícies del dia, t'acostes als fills i jugues amb ells fins que unes punxades a les lumbars et recorden els anys que vas carregar els fills a l'esquena i t'atures.

A casa el dinar és com és. T'has tret del cap la imatge idíl·lica de família al voltant de la taula amb estovalles de coloraines i vaixella amb encant. Has après que per evitar les 21.345 aixecades de taula cal tenir-ho tot a l'abast, i a la taula fins hi ha preparat el cafè. Aquest fet redueix en un 50 % les escapades i el resultat et sembla excel·lent. A l'hora de la migdiada els únics que la feu sou els adults de casa, però així i tot el control del televisor segueix sent vostre gràcies a una funda d'alta seguretat del comandament que dus lligada al canell amb tres cadenats. Els menors d'edat tampoc poden jugar amb els ordinadors perquè cada dia en canvies les contrasenyes i es veuen obligats a fer servir els jocs de taula que van dur-los els Reis. A la tarda els dius que els has preparat una sorpresa a les seves habitacions i quan hi són els tanques amb clau i els dius que només en sortiran quan hagin acabat els deures. En realitat no els has tancat amb clau, només s'ho pensen, però des que has assumit la teva nova personalitat la teva credibilitat és tan gran que s'ho empassen tot, i fan els deures amb tanta eficiència que us queda prou estona per anar a fer un volt i acabeu sopant un frankfurt junts. I allà, mentre ocupeu mitja barra, el petit juga a fer acupuntura al mitjà amb escuradents, la gran roba sobres de maionesa, tots endrapeu patates fregides i salsitxes poc sanes, els menors d'edat s'embruten les samarretes amb quètxup d'una forma tal que les inutilitza i a tu et vénen ganes d'anar al lavabo. Hi vas i quan estàs a punt de sortir del cubicle, et veus reflectida al mirall ronyós i et sorprens. El teu cutis és resplendent, els cabells sedosos, la mirada ferma i lluminosa i tota la teva persona emet una energia desbordant. Et sents feliç i et preguntes per què has trigat tant a viure la vida a través d'unes ulleres de 3D (tal com et deia l'Anna Manso). The end (violins emotius i lacrimògens).

Què? T'ha agradat? Espero que sí. I si no és així tens tot el meu permís per tunejar-te el tràiler amb allò que t'agradi més. El text anterior només és una pauta perquè vegis per on anirà la cosa. I ara ja potser que plegui de bla, bla, bla, doni per acabada la introducció i entri en matèria.

COM UTILITZAR AQUEST MANUAL

Una nit, l'autora d'aquest llibre es va llevar amarada de suor pensant en tu, futur lector. No, no era un somni eròtic de la mena que sigui. Era neguit. Com aconseguiria que vosaltres, pares i mares perfeccionistes, dediquéssiu un temps a la lectura en lloc de preparar carmanyoles de fideuada per a les excursions? Com m'ho faria per robar-vos l'atenció que ara dediqueu a cosir el nom dels vostres fills brodats a tots els mitjons? De quina manera podria ajudar-vos perquè els menors d'edat que ara us arrosseguen per pistes de patinatge, camps de futbol, entrenaments de *twirling* i sales de cinema entenguessin que us han de deixar en pau una estoneta? La clau era la versemblança. Que poguéssiu fotre la bola als vostres menors d'edat perquè creguessin que la lectura d'aquest llibre era un sacrifici que fèieu per ells. Aquesta petita mentida sé que us costarà a vosaltres, progenitors íntegres. Però és imprescindible que la dieu. És un petit pas cap a la vostra emancipació. Només cal que els expliqueu que és un llibre d'estudi, amb exercicis per fer i exàmens per respondre.

I no direu cap mentida, perquè, amb la voluntat de posar-vos-ho fàcil, he estructurat el llibre en deu lliçons, totes amb les corresponents introduccions, matèria, exercicis pràctics i resums perquè ningú tingui cap excusa tonta del tipus «El petit té varicel·la i fa tres nits que dormo poques hores» per no aprendre i memoritzar els conceptes. Per tant, si algun dels vostres plançons, malfiat, us demana el llibre per tafanejar-lo, permeteu-l'hi. Feu cara d'esgotament i mostreu-li aquest capítol. Especialment a partir d'aquí:

Totes deu lliçons tenen la mateixa estructura. La vida de cuidador, educador, monitor, bomber, guardaespatlles, psicòleg, pallasso i policia de menors d'edat a càrrec nostre ja és prou dura per haver d'assumir novetats estructurals a cada capítol. Per tant, no patiu. Us faré treballar (això ho subratllo de cara als fills tafaners), però el mínim imprescindible (això no ho llegiran perquè com a bons fills nostres ells també fan el mínim imprescindible).

TÍTOL

Cada capítol està dedicat a un problema, però els he endinyat un títol motivador, positiu i amb una proposta d'acció que cal dur a terme. Perquè per plantejar problemes i no aportar solucions ja hi ha altres llibres, els titulars dels diaris i els economistes. A més, que ningú es queixi per l'imperatiu de la frase dels títols, ja us havia avisat que us faria treballar (no patiu, de nou és una petita concessió als nostres menors d'edat tafaners).

PROBLEMA

Aquí el problema, el conflicte, allò que ens exaspera o ens ocupa s'explica amb totes les lletres de l'abecedari. No serà una secció llarga. Amb el dolor no cal rabejar-s'hi innecessàriament. Qui vulgui sadomasoquisme s'ha equivocat de llibre. Però tampoc és moment d'amagar l'ou. Cal fer un primer pas, alçar-se de la cadira i explicar en veu alta el que ens passa, deixar-ho anar i quedar-nos descansats en comprovar que el cel no ha caigut sobre els nostres caps, per molt que hàgim admès que fins ara hem mentit descaradament, i que els nostres fills no mengen deu tipus de verdura sinó només una i gràcies a suborns.

CASOS PRÀCTICS

El problema s'exemplificarà amb casos pràctics i totalment reals. I com que trobo molt lleig anar explicant el que els passa a les amigues, als veïns, al forner, a l'àvia o a la família que vam conèixer de vacances a Torredembarra, em dedicaré a explicar les misèries en primera persona. No trobareu aquí, però, el nom dels meus tres expedients, perquè ells també tenen dret a una certa intimitat. Igual que també ocultaré la verdadera identitat del pare de les criatures, perquè és autònom, i depèn de la seva bona imatge per continuar aportant euros al pressupost familiar. L'única que actua a cara destapada sóc jo, perquè ja no ve d'aquí. Us confessaré, per tant, situacions que als ulls de gent que ha deixat enrere la criança dels fills, o que no n'han tingut, són absolutament increïbles, però que vosaltres sabreu detectar com a autèntiques cent per cent. Us dono permís per riure-us de mi, per sentir alleujament perquè a vosaltres no us en passen de tan patètiques i, fins i tot, us podeu solidaritzar amb les meves vicissituds, que també són les vostres. L'objectiu de l'apartat és il·luminar els racons foscos de la nostra vida. Els silencis eloqüents quan algú dóna per fet que els nostres fills es guarden la roba i la classifiquen per colors, o quan es parla dels excel·lents resultats acadèmics de tots els nens del món, excepte els nostres. Prou! És hora d'explicar la veritat i de fer-ho sense vergonya. Sense aquest pas no pot haver-hi redempció, ni caigudes de cavall, ni transformació. Perquè els casos no es limiten a ser monòlegs i batalletes sobre situacions penoses, sinó que duen una solució incorporada. Ja ho he dit més amunt, aquest és un llibre que us vol solucionar la vida de la manera més honesta i mai de la vida us plantejarà un dubte existencial sense la seva corresponent resposta. La vostra nova vida és a tocar! Compte amb l'esglaó i que ningú es foti de lloros.

EXERCICIS DE REPÀS

L'emoció que us envairà en llegir els casos desesperats i les propostes d'actuació de la secció anterior pot fer-vos creure que ja teniu la feina feta. No. Igual que als vostres fills, a vosaltres també us caldrà repassar tot fent un seguit de petits exercicis de caràcter teòric i pràctic. En cas que no els supereu podeu tornar a llegir el capítol sencer tantes vegades com vulgueu, enviar-me correus electrònics amb dubtes variats a lapitjormaredelmon@manso.org i, de nou, tornar a intentar superar el quadern d'exercicis.

EN AQUESTA LLIÇÓ HEM APRÈS

Heu acabat de llegir el capítol. Heu completat amb èxit els exercicis pràctics. I llavors algun dels menors d'edat que teniu a càrrec us demana que l'ajudeu a construir una bonica maqueta del gat Doraemon amb escuradents. Quatre hores més tard repreneu la lectura i us dieu: què coi acabava de llegir? No us desespereu, només cal que consulteu el quadre amb el resum dels continguts de cada capítol i tota la saviesa adquirida retornarà a la vostra ment i us enlluernarà amb la potència i la precisió d'una espasa làser de cavaller Jedi. Veieu que fàcil?

ACLARIMENT

Ho he de confessar, sóc dona. M'agradaria poder anar canviant de sexe a voluntat, però encara no s'ha inventat cap màquina per aconseguir-ho. L'única que hi ha pensat ha estat una escriptora, la Marina Espasa, al seu recomanable llibre *La dona que es va perdre* (Ed. Empúries), però per ara la màquina només forma part de la ficció. També he de confessar que em rebenta profundament el llenguatge políticament correcte. I tercera confessió, crec fermament en la forta autoestima del gènere masculí de la nostra civilització. Per tant, i com que moltes vegades m'estaré posant a mi d'exemple, parlaré de mares, però també m'estaré adreçant a pares, tots ells homes forts que no es traumatitzaran perquè no m'hi adreci exactament. Si algú se sentís especialment ferit, exclòs o rebutjat, que presenti la seva queixa al sindicdegreugesdelapitjormaredelmon@manso.org i rebrà la seva corresponent resposta. També pot beure's una copa de vermut del Matarranya amb gel i llimona i adonar-se que el trauma s'ha volatilitzat a la mateixa velocitat que el líquid deliciós.

LLIÇÓ 1

SORTIRÀS DE L'ARMARI VESTIDA AMB ULLERES DE 3D

PROBLEMA: ASPIRAR A LA PERFECCIÓ MATA

El problema, ras i curt, és aquesta absurditat de voler ser miss progenitora perfecta. En el meu cas podria dissimular i explicar un sopar de duro, que la gran em va deixar el seu patinet, un gos llardós es va creuar amb mi, que vaig caure i el cop al cap em va afectar de forma permanent. Però mentiria. El dia que vaig fotre'm de lloros de la bicicleta i vaig perdre el coneixement tenia sis anys i cap menor d'edat a càrrec. I segons els neuròlegs de Sant Joan de Déu tots els cargols del cap van quedar ben collats. L'autèntica pinya sobre la pròpia intel·ligència que em vaig clavar va ser el sentiment etern de voler fer-ho millor com a mare perquè el present sempre el veia com un bunyol poc estètic que calia corregir.

El primer símptoma d'aquesta síndrome perillosa va ser l'ampliació de la visió lateral. Observava de cua d'ull tota mena de famílies per comparar-les amb la meva. Vaig perfeccionar tant la tècnica que gairebé podia mirar què passava rere la meva nuca sense tombar-me. Mentre jo negociava amb aquell MEC de dos anys perquè s'alcés de terra i deixés de xopar la vorera de llàgrimes, cromos de Pokemon i mocs, pel meu costat desfilava una mare amb el cabell planxat, acompanyada d'un pare bonhomiós duent de la mà dos nens bessons, nets, polits i vestits iguals que saltironaven alegres i inofensius. Escenes com aquestes o d'una crueltat més extrema provocaven que, en l'índex de classificació de bones mares, jo sempre em situés a l'altura d'Andorra al festival d'Eurovisió.

L'altre símptoma van ser els llibres. Vaig arribar a sentir-me tan millorable que l'únic lloc on trobava certa pau era en els llibres de la secció «Mares i pares». En els textos optimistes i enganyosos hi trobava el consol de la ficció del que era una família normal. Les paraules encoratjadores dels autors em feien creure que amb uns pocs canvis d'hàbits a casa podríem tornar a dinar asseguts a taula en lloc de jugar al joc de les cadires, o que la gelosia furibunda s'esvairia només amb unes estones dedicades en exclusiva al fill furiós. I no. Mai res resultava exactament com en els exemples d'aquelles obres. O després de cent pàgines de prosa aspiracional i motivadora, la concreció de com aconseguir els canvis no arribava mai, o eren difusos, o tous, o autèntics gags de Monty Python sense cap credibilitat. Ara... quina tranquil·litat sentia jo llegint-los, quina serenor, quina felicitat artificial... De totes maneres la til·la és més barata i de llibres n'hi ha de millors per llegir. Tot i que no tots eren nefastos. D'alguns en vaig treure bones idees, però el dia que la gran dels menors d'edat a càrrec es negava a fer deures i ho manifestava a l'estil de la nena de *L'exorcista,* i jo, en lloc de fer o no fer algun gest vaig córrer a buscar el problema a l'índex d'un d'aquests llibres, vaig saber que tenia un problema. No patiu, ja ho he deixat. Em va costar una mica la deshabituació i ara només hi recorro molt de tant en tant.

I el darrer símptoma va ser la salut. Un estiu que vaig tenir el gust de poder pasturar per la Provença vaig fer un pet com una gla. Allà, envoltada de paisatges perfectes (massa perfectes i tot) l'estómac se'm va recargolar fins a convertir-se en un penjador de testos de macramé. La perfecció encarnada en cases bufones i arbrets podats va actuar com a mirall del monstre en què m'estava convertint. El diagnòstic va ser un atac d'angoixa que vaig solucionar baixant del carro i provocant-me un flashback d'aquells de pel·lícula dramàtica però sense drama.

L'escena que em vaig autoprojectar a la memòria va ser aquella llunyana primera nata que em vaig clavar minuts després de ser mare, quan em van portar la primogènita a l'habitació de l'hospital. La criatura va estudiar-me deu minuts i quan em va tenir clissada va començar a bramar. Res va aturar aquell plor: els pits no expenien llet, l'olor materna no funcionava com a sedant i el moviment de bressolar copiat d'un anunci de la tele tampoc. Hores, dies, mesos i anys més tard vaig continuar comprovant la distància descomunal entre la teoria i la pràctica. Entre la publicitat de musiqueta ensucrada i la realitat. Entre els fills dels veïns, sempre impecables amb aquella clenxa i la cara sense mocs, i els meus, tan terrenals i bruts. Entre l'estàndard de perfecció que m'havia marcat com a mare i aquella senyora desequilibrada del mirall.

Vaig passar una bona temporadeta patint regressions de memòria sobtades fins al dia que vaig rebre, encartades en una revista cultural, les ulleres de 3D. Un dels fills em va preguntar per vint-i-cinquena vegada si podia jugar amb el videojoc i jo, farta de repetir la paraula *no*, vaig provar de descol·locar-lo calçant-me les ulleres. Vaig tenir una epifania. El miracle de la claredat mental em va deixar muda. De cop ho vaig entendre tot: entendre que no hi ha res a entendre. Que un nen amb la pell blava i vermella sembla menys torracollons. Que la veïna és una mentidera compulsiva i que a casa té els fills lligats a la cadira perquè no es moquin. I que la senyora sonada del mirall es mereixia sortir de l'armari. J. V. Foix deia «És quan dormo que hi veig clar», i jo li vaig afusellar el vers per afirmar amb orgull que «És quan duc ulleres de 3D que d'una repunyetera vegada ho veig clar».

Les ulleres van ser la petita empenta que em calia per obrir la porta i afirmar orgullosa que sóc la pitjor mare del món. Ser nefasta no vol dir no ser lúcida. Arribar fins aquí m'ha costat milions de fracassos meus i només meus i no vull que ningú m'arrabassi un lloc que m'he guanyat a pols. Després del manifest d'orgull de pitjor mare van venir uns minuts de dubte existencial. Estic fent el panoli?, em vaig preguntar. Per a sorpresa meva, moltes mares i pares es van posar en contacte amb mi per agrair-me el gest. Ells també se sentien una llufa de progenitors i que algú fos prou guillada per dir-ho en veu alta els havia tret un pes de sobre. I vaig fundar aquest club, el dels pares i mares imperfectes. Ara, de tant en tant, quan m'oblido de qui sóc i se'm torna a aparèixer un pensament que comença per les dues paraules més mortíferes de l'univers, «Hauria de...», em torno a calçar les ulleres de 3D. A casa ja saben que llavors sóc invencible, indestructible i insuperable, em deixen en pau. Fa temps que sospito que, en realitat, no temen els meus superpoders sinó que travessi la fina línia que separa la racionalitat de la bogeria. Però funciona. Algun dia els explicaré que el secret de les ulleres no és altre que l'humor i que no cal que pateixin per la meva salut mental. Algun dia.

CASOS PRÀCTICS

1.1. L'ÀLIEN QUE HI HA EN MI

La medicina oriental ja fa massa temps que ens avisa als pobres occidentals que el cos, la ment i les emocions són un tot. I que si ens refredem és, potser, perquè toca pagar a hisenda i això fa mal a la butxaca i a les defenses antivirus. Si algú s'ha erigit com a missió vital ser perfecte el cos ho somatitza i es transforma. Jo mateixa vaig començar a notar canvis físics estranys amb el naixement de cada MEC, però, ximple de mi, vaig pensar que tot era d'allò més normal.

El 22 de juliol de l'any 1999, a les onze i onze, a la sala de parts, ja hauria d'haver notat que en lloc d'un naixement, el d'una nena, se'n produïa un altre, el d'un ésser mutant. Però estava tan atabalada que no vaig ser conscient que a les onze i deu era una persona i un minut més tard inaugurava la meva nova personalitat.

Aquell matí de juliol, quan em vaig mirar al mirall, a la tornada de la sala de parts, vaig notar un petit canvi. M'havien sortit dos ulls al clatell i una antena al cap. Les infermeres em van tranquil·litzar (no sóc l'única, es veu): «Ah, no passa res, això us passa a totes». Els ulls em van sortir miops i amb astigmatisme, sense que pogués fer-hi res, incapaç i maldestra com vaig ser per aprendre a posar-me lentilles als ulls del clatell. Uns anys més tard me'ls vaig operar però, amb els quaranta, tant els dos ulls frontals com els posteriors van començar a gaudir d'una fantàstica presbícia. En teoria els ulls posteriors són els més útils perquè els fills tendeixen a actuar de forma temerària quan gires cua, però amb tanta fallada tècnica la cosa va anar com va anar.

L'antena capta sons de baixa freqüència, per tal d'evitar accidents i per tenir les aptituds d'un espia estil James Bond. Segons les infermeres hauria de ser retràctil, però a mi de retràctil res i vaig haver de convèncer la família i les amistats que era un quist inoperable. I de sons de baixa freqüència no en captava ni un. Em va venir de sèrie amb un error de sintonització i només puc sentir Ràdio Tele-Taxi.

Amb el segon naixement em van créixer dos braços, que m'haurien anat la mar de bé per placar l'energia inesgotable de les dues criatures, però tenien algun problema de connexió que feia que fos molt difícil utilitzar-los de forma coordinada. En resum, quatre braços i l'eterna sensació de no arribar a tot.

El dia que va néixer el meu tercer fill vaig trigar una mica a poder-me alçar per mirar-me al mirall. Va ser tot una mica accidentat i vaig pensar que potser no tindria cap sorpresa. Però sí. Aquest cop la natura alienígena em va oferir una cremallera a la boca. Però devia ser *made in China*, perquè al cap de dues setmanes se'm va espatllar i no he trobat cap recanvi que m'encaixés. Així que vaig continuar garlant i deixant-les anar tal com ragen. Les paraules sonaven amb un repic metàl·lic per culpa de la cremallera feta malbé, però no hi havia res que aturés el doll de paraules poc adequades per al benestar infantojuvenil.

La solució

Quan vaig veure clar que els ulls miops, astigmàtics i presbiciosos del clatell, l'antena defectuosa, els dos braços tontos i la cremallera tarada eren una conseqüència de l'intent de voler fer-ho tot perfecte, vaig comprar-me una guardiola de fang en forma de porquet i vaig estalviar. Ara fa poc, i després de llargs mesos estant-me de molts capricis, per fi em vaig operar per extirpar aquelles excrescències físiques. Si vosaltres també patiu mutacions alienígenes us recomano que feu el mateix que jo però amb una petita millora: tingueu la previsió d'estalviar en dues guardioles, una per a l'operació i l'altra per renovar el vestuari que he hagut de llençar, com els jerseis, samarretes i camises que m'havia fet a mida amb quatre braços i els barrets foradats per l'antena. Però, sobretot, no oblideu de posar-vos les ulleres de 3D. I si encara no heu pogut estalviar aconseguiu-ne unes altres per als ulls del clatell.

1.2. FRASES D'ALT RISC

Quan una es creu perfecta pronuncia frases letals. És un dels grans inconvenients de creure's invulnerable i capaç d'empassar-se fins i tot un entrepà de kriptonita sense sofrir-ne conseqüències. Però les conseqüències se sofreixen. I molt. Aviso malgrat que sé que passarà el mateix que passa als guions de pel·lícules de terror, en què el protagonista s'endinsa en una cova tot i el cartell on posa «No entreu, perill de mort» i després passa el que passa, que el seu col·lega acaba convertit en bistec tàrtar i ell lluitant amb zombis radioactius. Però, en fi, que ningú es queixi. He avisat. Intentaré ser al màxim de científica possible, enunciant les deu frases més perilloses i alguns dels efectes secundaris que provoquen. Ja puc morir tranquil·la i amb la consciència neta.

FRASE 1

«Mira que bé que juguen».
Efectes secundaris: caos, violència extrema, robatori, incendi, tsunami.

FRASE 2
«Demà tinc el dia lliure». Efectes secundaris: epidèmies de grip, xarampió, verola, malària, galteres.

FRASE 3
«Veniu a sopar a les deu, que els nens ja dormen». Efectes secundaris: festes raves, maratons de ball, okupacions no pacífiques.

FRASE 4
«El meu fill és petit, encara no està adolescent». Efectes secundaris: hormonació instantània, trastorn bipolar, Jeckyllhydisme, vaga general, aldarulls, barricades.

FRASE 5
«A casa dels altres es porta la mar de bé». Efectes secundaris: expulsions, repatriacions, terrorisme, destrucció.

FRASE 6
«Sempre ha dormit d'una tirada». Efectes secundaris: insomni, somnambulisme, càstigs divins.

FRASE 7
«Fa temps que no té polls». Efectes secundaris: infestació, infestació del cuir cabellut de la mare, infestació del cuir cabellut del gos, infestació del cuir cabellut de tota la comunitat de veïns.

FRASE 8
«Deixa'l, no passa res». Efectes secundaris: laceracions, fractures, ingestió de cossos estranys però d'aspecte vagament familiar, fenòmens paranormals.

FRASE 9
«No té problemes amb els estudis». Efectes secundaris: analfabetisme voluntari, absentisme escolar, desig d'esdevenir la futura Hanna Montana o el proper Justin Bieber, narcolèpsia fulminant.

FRASE 10
«Només és una etapa/fase». Efectes secundaris: autoengany, decepció, depressió, trastorns de personalitat, catatonisme, nihilisme, escapisme.

Solució

Quan estigueu a punt de pronunciar alguna d'aquestes sentències de mort o d'altres de similars, visualitzeu un tomàquet. No té cap efecte terapèutic més enllà de recordar-vos com seria de ridícul que, tot i saber el que us pot passar, l'espifieu com l'anàveu a espifiar. Amb temps i pràctica les vostres neurones associaran la imatge del tomàquet amb el mutisme voluntari i aviat l'esforç de callar no us costarà ni un gram. Si acabeu sofrint aversió als tomàquets sigueu més precisos i limiteu-vos a visualitzar un tomàquet transgènic sense gust. Us fareu un doble favor, deixareu d'utilitzar aquesta matèria orgànica vermella amb gust de suro per a les amanides mentre, a la vegada, apreneu a callar. Ah, i no us oblideu de dur les ulleres de 3D posades.

1.3. EXCUSES: ESCAPISME

La ciència és contundent, la majoria de progenitors només són perfectes un 0,01 % del temps. La resta del temps, si formem part del grup dels aspirants a perfectes, ens passem el dia excusant-nos. Segons un informe elaborat per la Universitat de Tahoma Beach, el motiu pel qual s'excusen més les mares és per escapar-se amb qualsevol excusa. I la redundància no és casual.

Jo mateixa un dia de començament de curs vaig alegrar-me en veu alta per haver aconseguit que els tres MEC fossin a escola. Una persona que em va sentir es va ofendre. Li semblava que els nens em feien nosa i em destorbaven el goig de viure. Ràpida com un llamp vaig apressar-me a engegar-li els discursets de sempre, tòpics i gastats: «No, si en realitat jo volia dir que...», «Ai, sí, com els enyoraré...», «L'estiu se m'ha fet curt...», «Que bufons que són...». Excuses!

El mateix es repetia quan hi havia una reunió de l'escola a les set de la tarda. O tocava anar al metge també en horari extraescolar. I el que passa de tant en tant, que el rebost es buida i algú ha d'anar a comprar. L'aspirant a perfecta progenitora que era jo es cansava de donar excuses de mal pagador per encobrir el que realment sentia: una alegria immensa o moderada pel fet d'escapar-me per una estona de les obligacions familiars.

La solució
La manera de tallar de soca-rel aquest neguit i malestar general, que tantes persones confonen amb la grip, és posar-se les ulleres de 3D i ser sincera amb si mateixa. A cada excusa barata cal aportar-hi una veritat impagable. Les excuses, de forma natural, quedaran neutralitzades i aniran desapareixent de la nostra vida fins al punt d'arribar a oblidar-ne l'existència. Aquí en teniu uns exemples.

Primera veritat: els menors d'edat que tinc a càrrec ni em fan nosa ni m'esborren cap possibilitat de ser feliç com una Teletubbie qualsevol, però sóc terrenal i em canso. Sé que no m'atorgaran mai un premi Nobel pel meu esperit de sacrifici infinit. Jo dec tenir alguna cosa (o molta) de mare desnaturalitzada. No una mare desnaturalitzada estil pel·lícula britànica, a la qual treuen la custòdia dels fills per haver tacat la moqueta de cigarrets, whisky i altres substàncies tòxiques. Jo sóc més desnaturalitzada-desnatada, però alguna cosa hi ha. I mira, el cel no ha caigut sobre el meu cap quan ho he dit en veu alta.

Segona veritat: les reunions de classe no em fan mandra. Gens! A banda de les ganes de saber coses sobre els herois que estan al capdavant d'una classe de trenta nens, he de confessar l'alegria de saber que no caldrà que sigui jo l'encarregada d'aconseguir que la verdura i el peix baixin esòfag infantojuvenil avall. Sobretot quan la reunió, de manera convenient, dura fins vora les nou.

Tercera veritat: quan demano hora al metge i l'horari de visites és de tardes, aquella visita inoportuna pot ser una oportuníssima manera de tocar el dos i permetre que el pare de les criatures demostri els seus dots de resolució de conflictes i destriï qui té raó, si el mitjà, que jura que no va destrossar la porta mosquitera per cinquena vegada, o el petit, que jura que ell tampoc no va destrossar la mosquitera, en el seu cas per vuitena vegada. Ara, relaxada i feliç amb mi mateixa, a la sala d'espera gaudeixo culturitzant-me i aprenent el nom de tots els estafadors i delinqüents que surten al paper cuixé mentre celebro, de nou, que les cites de tarda acabin irremissiblement a les nou.

I quarta veritat: omplir el rebost d'una família nombrosa no és cosa de cinc minuts. Però cal que algú ho faci i que destini una bona estona a omplir el carro. Jo m'hi ofereixo voluntària manta vegades perquè em dóna l'oportunitat de passejar pel súper amb la ràdio d'auriculars, prenent-me el meu temps, sola i xiulant. Algú (aquella persona del principi, per exemple) podria opinar que la meva vida és força miserable i hipòcrita si sóc feliç escapant-me de casa per comprar tetrabrics de llet (molts!). No, no i mil vegades no. Tan sols que servidora, gràcies a les ulleres de 3D, va descobrir que no calia actuar com si fos un dels personatges interpretats per Julie Andrews. I en lloc de traumatitzar-me pel descobriment, ves, xiulo.

1.4. CONTRADICCIONS

Un dels efectes psicològics més folklòrics de voler ser perfecta són les contradiccions. Si una fos perfecta no experimentaria contradiccions, però tal com ja va establir la Universitat de Tahoma Beach, un 99,99 % dels progenitors no ho som i, per tant, les contradiccions estan a l'ordre del dia. Les contradiccions no són cap gran inconvenient per a la vida, el problema és el patiment que generen.

Els fills els he tingut tots *motu proprio*, perquè em feia més feliç tenir-los que sortir a les nits cada dijous, divendres i dissabte; que poder viatjar al mes de febrer o octubre; que despertar-me els diumenges a les dotze o a les vuit però al meu ritme, o que disposar d'un pressupost suec en lloc d'un de nivell català per a despeses personals... Oh, Déu meu! Val més que m'aturi o em deprimiré.

En fi, que els vaig tenir perquè em va donar la gana. Punt. Ara bé... El primer cap de setmana sense nens de l'any 1 dp (després de procrear) em vaig sentir igualment feliç! Contradictòria i feliç. Aquella minimenor d'edat que tenia a càrrec era just el que jo volia. I aquell cap de setmana sense ella, també. Em vaig espantar. Vaig arribar a témer que els desequilibris hormonals de l'embaràs i el postpart m'haguessin afectat el gen de la coherència. Però aviat vaig veure que de contradiccions en tenia i bastantes, i que coherència i maternitat, com es pot llegir, no lliguen prou per fer rodolins.

Aquell cap de setmana va ser el principi. Després va venir la llar d'infants. Un minut abans de deixar en dipòsit la criatura, semblava la mare del Marco acomiadant-se. Un minut després, el pare de la Pippi Langstrum fent de rei a Taka-tuka mentre la seva filla campa sola a Suècia amb un vestit apte per pescar pulmonies sueques. La contradicció va tenir una recontradicció que encara ara m'ataca de tant en tant si em despisto. Passats els minuts inicials i endinsada, jo, en el quefer laboral, vaig sentir-me d'una manera especialment intensa la pitjor mare del món per haver deixat la nena a càrrec d'algú altre. Però no una pitjor mare del món amb ulleres de 3D, no, sinó una sense sentit de l'humor.

«Per què m'havia entestat a treballar? Eh? No cal treballar!», em deia. «Viurem de l'aire! Hi ha gent que diu que viu del sol! Sí, estan prims, poc afavorits i amb un color de pell groc moc poc interessant, però i què!»... Estava fatal. Però pitjor vaig estar quan la vaig anar a buscar i al cap de mitja hora una altra cadena de pensaments substituïa l'altra: «Per què no l'he deixat més hores? Total, són bona gent. I la nena no sembla traumatitzada i jo hauria pogut enllestir aquell encàrrec...». En fi.

I he de dir que no tan sols m'afectava a la feina. També als estudis. Perquè, quan sentia la remaleïda frase «Cada nen té el seu ritme», visualitzava un futur adult de trenta anys que llegeix les instruccions de la sopa de sobre amb dificultats i desitjava que a banda de bon rotllo també hi hagués exigència a l'escola.

Però quan veia documentals o llegia entrevistes on es parlava d'abaixar l'exigència escolar rumiava que potser tenien raó i que, total, les sopes de sobre d'aquí a vint anys duran instruccions en vídeo. I passa el mateix amb els dies d'horaris estrictes o els que són dignes d'una pel·li com *La festa* protagonitzada per petits Peters Sellers. O amb el menjar sa i els *nuggets* de presumptes pollastres...

Contradiccions i més contradiccions que em fan preferir l'opció A quan he triat la B i, evidentment, la B quan he triat la A.

La solució

La solució en aquest cas és que no hi ha solució. Les ulleres de 3D no han eliminat les contradiccions, però sí el patiment. Ara m'importa un rave ser contradictòria. Sé que forma part de mi, com la cel·lulitis. Però si a tu et costa aquest semenfotisme, cada vegada que siguis contradictòria i sentis patiment, remordiment o qualsevol cosa perversa acabada en *ent*, fueteja't l'esquena amb un fuet de Vic deixat assecar tot un any. La situació aviat se't farà tan dolorosa, tan pesada i tan ridícula que t'estimaràs més viure amb alegria.

De totes maneres hi ha un tema en el qual no tinc cap dubte sobre quina opció m'estimo més: continuo preferint ser mare. Encara que sigui la pitjor. I segur que vosaltres també.

1.5. VISIÓ DEFORMADA: LES ULLERES

Les ulleres no són un complement de moda, sinó la base central d'aquest llibre. Perquè en realitat no són unes ulleres de 3D, tot i que un vidre és blau i l'altre vermell i el fabricant assegura que són ulleres de 3D. Són un descodificador. Sense elles us pot passar com a mi, que veia la meva família d'una forma... diferent del que jo pensava que havia de ser una unitat familiar model. Després ja vaig entendre que no calia que fóssim tan modèlics, però així i tot la meva visió continuava sent estroboscòpica perquè el «no tan modèlics» no deixava d'implicar el «ni que sigui, per favor, si us plau, si ho aconsegueixo pujo a Montserrat caminant marxa enrere mentre jugo a un joc idiota al mòbil, cinc minuts de família modèlica al dia». I esclar, no ho aconseguia i veia el que veia.

A la gran, al principi, en lloc d'un nadó em semblava que tenia al davant una sirena emetent brams. Després la sirena de cotxe de policia va donar pas a un aspirador dels que es mouen sols per casa mentre es claven cops amb els mobles. Ja una mica més grandeta vaig començar a veure-la com una centraleta d'atenció al client automàtica a la qual has de fer cas sí o sí. I en alguns moments vaig creure que era un terrari de polls, una olla de pressió, una llauna de beguda energètica perillosa i altres objectes igual de curiosos.

Al mitjà, al principi, ocupat com estava amb la gran i bon minyó que era, el vaig confondre amb un coixí que decorava els racons de casa. Però quan va posar un peu a terra va transformar-se en un cotxe de Scalestrix i a estones, gràcies a les seves aptituds escaladores, en una politja. Per la seva tossuderia vaig creure que en lloc d'un fill tenia un tap de banyera dels que no hi ha manera de treure del forat del desguàs. I en combinació amb la seva germana gran, durant molt de temps estava convençuda que havia criat dos cables elèctrics sense pelar que feien un mal contacte i fonien els ploms de casa.

El petit dels tres MEC és el que ha hagut de patir menys la meva visió filtrada, però també l'he vist canviat, i a estones l'he confós amb una molla de saltar, amb un martell esbotzacoses, amb un ventilador i amb una ràdio.

La solució

Si vosaltres també creieu que en lloc de MEC heu parit una mena d'assortiment d'objectes calceu-vos les vambes de córrer i sortiu ja a la cerca i captura d'unes ulleres de 3D. Poseu-vos-les i torneu a casa corrents i procurant no fotre-us de lloros. De sobte descobrireu que aquella tria selecta de productes de grans magatzems no són altra cosa que els vostres fills.

1.6. QUE NINGÚ T'ARRABASSI EL TÍTOL: SER UNA MARE CUTRE COSTA

Un cop hagis fet el pas i hagis sortit de l'armari pot passar que flaquegis per culpa d'impostores que et discuteixin la posició i t'enterboleixin la ment. Això és exactament el que em va passar l'octubre del 2010.

Diversos diaris van publicar entrevistes amb la senyora Lenore Skenazy, en què s'autoproclamava «la pitjor mare d'Amèrica». El seu pecat consistia a deixar que el seu fill de nou anys anés a escola en metro, sol. La policia el va aturar, no va creure la versió del nen i va trucar a la mare. Quan la Lenore va confirmar que, efectivament, havia deixat que el seu fill transités sol per Nova York, el policia va insinuar-li que estava exposant el nen a perills infinits. La dona s'ha convertit en una ferma defensora de la criança dels fills des de la confiança, proposant que els fem autònoms i tot això tan encertat.

O sigui... la Lenore feia trampa! Batejant-se com a pitjor mare s'estava penjant la medalla a la mare responsable. I no. El títol és massa llaminer perquè se'l quedi la primera mare estupenda de torn, d'aquelles que alimenten els nens amb escalivada sense que vomitin. Que crien fills que llegeixen Proust als dotze anys. Que compren pantalons blancs a les criatures amb la ferma convicció que els pantalons continuaran sent del mateix color un dia després d'estrenar-los. O aquells pares que els porten a exposicions i els fills els fan preguntes interessants sobre els quadres que veuen conjuntament en feliç harmonia. I aquells altres que els apunten a saxofon a P5 i els nens no se'ls traumatitzen... Ni parlar-ne!

Ser una mare o un pare cutre costa i des d'aquí reivindico el títol honorífic de PITJOR MARE DEL MÓN, per a les persones terrenals, per a la gent de carn i ossos a la qual li falla el desodorant i que alimenta els plançons amb arrebossats i quètxup perquè és la manera més barata de tenir vacances, ni que sigui vacances mentals durant els deu minuts que els nens mengen. Nens que, ara sí, amb l'arrebossat entre dents, fan preguntes interessants sobre el menjar que endrapen conjuntament en feliç harmonia. Que només desitgen apuntar-se a futbol d'extraescolar i als quals no els importa dur pantalons blancs amb misteriosos tons marrons.

Lenore, maca, ho sento però el títol és nostre.

La solució

En el meu cas la indignació que em va provocar la senyora Skenazy intentant usurpar el títol de mare terrible va ser un dels motors que em va dur a publicar el blog *La pitjor mare del món*, llavor dels articles i el llibre que teniu a les mans. Penso, però, que podríem saturar el mercat digital si tots els progenitors imperfectes publiquéssim un blog, i per tant proposo diferents alternatives per reivindicar el nostre estatus aconseguit amb sang, suor, mocs i llàgrimes. Així, si mai alguna estafadora de pa sucat amb oli se us vol quedar el títol feu-li passar el test que hi ha al capítol introductori d'aquest llibre i feu-li veure amb bones paraules que ella no és el que diu que és. Si no canvia d'opinió us recomano que la denuncieu al Tribunal Europeu de la Competència. I si així i tot persisteix només vol dir que es tracta d'un cas clínic i com a bones samaritanes que sou teniu l'obligació moral d'apuntar-la a un dels grups de suport per a persones disperfectes, que són aquelles que, sent perfectes, afirmen el contrari i es deixen com un drap brut per pur esnobisme espiritual.

EXERCICI DE REPÀS: L'ARMARI I LES ULLERES DE 3D

Ara i aquí comença la teva nova vida. Has après moltes coses en aquest primer capítol i seria bo que les interioritzessis adequadament.

Així que, si us plau, deixa aquest llibre un petit instant, agafa un mirall i mirar-t'hi. No s'hi val cap subterfugi. Si ets una persona austera a l'estil amish i a casa teva no hi ha miralls, vés al bar de la cantonada, el mateix on, amb un vas de whisky de garrafa a la mà i ulleres de sol a la cara, has fet la visualització de l'apartat «El tràiler». Quan siguis davant del mirall encara't amb el teu reflex i pronuncia en veu alta la frase següent: «Hola, em dic... (el que correspongui, no utilitzis pseudònims, i menys tan recargolats com el d'Eudivigis) i no sé com ha pogut passar perquè jo ho tinc tot controlat, però ara m'adono que m'he begut l'enteniment aspirant a ser perfecta i repel·lent, i aquest fet lamentable m'està portant pel camí de la perdició!». Si no heu estat capaces de dir-ho en veu alta no val. Cal que les paraules s'exhalin i fugin del vostre interior. Només en cas que us trobeu al lavabo del bar de la cantonada podeu pronunciar-les en un to de veu moderat. Però la resta ho heu de fer en un to de veu fort i segur.

Amb aquest gest minúscul de sobte us adonareu del que representa la pesada càrrega de la perfecció i el monstre en el qual us ha convertit. És hora de deixar aquesta persona enrere i que construïu el vostre nou jo amb un petit exercici de psicomàgia d'estar per casa.

Trieu un armari de casa (ara enteneu quan us deia que era psicomàgia d'estar per casa: era literal). Que sigui una mica sòlid, no d'aquells que comprem i ens muntem nosaltres mateixos perquè mai cargolem prou fort i es pot desmuntar. Fiqueu-vos dins l'armari amb les ulleres de 3D a la mà. Un cop dins piqueu-vos el pit amb els punys com si fóssiu un goril·la i abjureu de la vostra aspiració a la perfecció. I quan sentiu que qualsevol dels vostres MEC s'acosta, poseu-vos les ulleres i sortiu de l'armari cridant: «Sóc la pitjor!». Si no us ingressen en un frenopàtic la vostra nova vida acaba de començar. I si us hi ingressen, doncs també, però diferent, així que procureu que això darrer no passi.

EN AQUESTA LLIÇÓ HEM APRÈS... ALGUNA COSA?

Francament, ara que he d'escriure aquesta primera secció, no sé si m'he equivocat plantejant-la. Sóc un desastre de progenitora, i em sorprendria molt que ningú aprengués res de mi. Així i tot, també penso que anem amb el coet al cul. I que potser algun lector, o futur comprador (oh, sí, compra aquest llibre, és magnífic), pot triar una opció gens menyspreable: repassar i llegir en diagonal aquesta secció per saber de quin peu calço abans de decidir-se a triar-lo. O perquè l'ha comprat i els MEC corresponents han decidit agafar la varicel·la tots de cop, i fets igual de sorprenents i, alhora, igual de quotidians com aquest que escurcen el nostre migrat temps lliure. Així que som-hi:

Si alguna cosa he volgut transmetre en aquest capítol és que ser perfecte és una llauna i un patiment tan innecessari com les sabates de talons. I si les sabates de talons et transformen els peus en un planter de bonys estranys (que l'hi preguntin a la Sarah Jessica Parker), la perfecció pot arribar a canviar-te el cos fins a extrems insospitats.

Així que, tot i que no sóc accionista de cap empresa de fabricació d'ulleres de 3D, us commino, convido i emplaço a firar-vos unes ulleres de 3D. Descobrireu que veure-hi en blau i vermell salva vides, sense que el fenomen tingui res a veure amb el Barça.

Però, sobretot, sobretot, sobretot, si alguna desaprensiva estafadora pretén arrabassar-te el títol de pitjor mare del món, et legitimo a fer tot allò que calgui perquè no passi. Què carai, que ser una mare cutre costa, i molt.

LLIÇÓ 2

RECITARÀS EL MANTRA: ESCOLA, OH, DOLÇA ESCOLA

PROBLEMA: INTENTAR TREURE UN DEU EN MARE DE MEC QUE VA A ESCOLA ACCELERA L'ENVELLIMENT CUTANI

No sé per què quan els bebès neixen t'atabalen amb llibres plens de consells pediàtrics. Passats els dos primers anys els mocs, l'alimentació, les febres, la tos, els vòmits i altres sucs estan més que coneguts i semicontrolats (sabem de què va, vaja). Mentre que per davant ens queden, sent positius i optimistes, tretze anys com a mínim de passeig per l'educació infantil, primària i secundària obligatòria, i a partir d'aquí uns quants anys més per allò no obligatori que el MEC tingui a bé a estudiar.

Perquè, sí, l'escola és imprescindible. Cada vegada que veig un reportatge sobre famílies que trien educar els fills a casa valoro més l'escola. Si hi ha una feina que per molta perfecció que hagi volgut assolir mai m'he vist amb cor de substituir és la de mestre. Quan encara no era mare vaig patir la traumàtica experiència d'ajudar una de les meves germanes, mestra de P3, a la seva classe. Aquell dia vaig saber que mai hi hauria prou paraules i prou quiromassatgistes per lloar i tenir cura de la seva feina i, també, que els meus futurs fills anirien a escola. Però quan arribes al bonic món escolar, l'escola es converteix en un territori ignot per descobrir, amb un munt de trampes amagades, ensurts, sorpreses agradables i desagradables, terratrèmols i alegries.

Quan una es posa en mode «mare perfecta» pot caure en l'abisme perillós de voler treure un excel·lent en mare de MEC que va a escola. Un intent absurd que només té un destí: el fracàs. D'una banda, perquè com ha quedat clar al capítol anterior la perfecció mata. I d'altra banda, perquè l'escola sempre va per davant teu. Sempre hi ha un dia de lliure disposició amagat esperant per fotre't un clatellot, o un problema de psicomotricitat fina a l'aguait, o una mestra que té poc per ensenyar, o moltes, o poques. O perquè no es pot arribar a tot: reunions, festivals, treballs, dictats, sopars, portes obertes, exposicions, col·laboracions, AMPA i mil activitats més. Però, com en tot, millor posar-s'hi de cara que no de cul, perquè l'escola pot arribar a creure que només la necessitem com a cangur, i de vegades, siguem sinceres, és així, però sobretot és la nostra millor aliada per ajudar a fer créixer MEC en bones condicions.

Els casos pràctics amb què il·lustro aquest capítol volen intentar que eviteu, de totes totes, l'excel·lència. Perquè hi ha aspectes en els quals les bones notes estan sobrevalorades.

CASOS PRÀCTICS

2.1. A LA CERCA I CAPTURA D'ESCOLA. ESTRESSAR-SE ESTRESSANT-SE

Aquesta marcianada de tenir fills comporta un munt de situacions estressants. Ens estressem perquè el nen no menja o perquè menja massa, perquè no endreça o perquè s'ha tornat un petit obsessiu compulsiu, perquè no es vol vestir amb faldilles o perquè no vol altra cosa. O perquè vol dur faldilles i és un nen i jo, progre com sóc, ara m'he quedat sense saber què dir-li. Tota aquesta llista és previsible, esperable. Del que una no tenia ni repunyetera idea abans d'emmerdar-se en la maternitat és del grau infinit d'estrès que pot causar la tria d'escola. Això, els fabricants i distribuïdors de valeriana en múltiples presentacions ho saben molt bé. O penseu que la presència de farmàcies vora els centres escolars és pura casualitat?

Per sort aquest tema el tinc resolt, però cada any, quan s'atansa la primavera i, al mateix temps, les al·lèrgies i els pares estressats en ple procés de preinscripció escolar, em recordo de la quantitat de serotonina que m'ha arribat a fugir del cos per culpa d'aquest afer. Eren aquells anys maleïts en què els meus diàlegs es repetien, infatigables: «Ei, hola, com va? Per cert, a quina escola dus els teus fills?». La gent canviava de vorera quan em veia, i ho entenc. Vaig arribar a ser una llauna. Aquells anys van ser un fàstic però em vaig fer bona amiga del Jaume, el secretari d'una escola, a força de clavar-li la pallissa. I també d'altres pares i mares, companys de plors i lamentacions davant del taulell on es penjaven les llistes amb els resultats (sempre nefastos) de les preinscripcions. També vaig descobrir que tinc ànima de detectiu privat quan vaig esbrinar que existia un organisme mig ocult al qual pots reclamar si no estaves d'acord amb la plaça que t'havia tocat. I que l'organisme tancava el termini de reclamació al cap de mitja hora. Aquell dia molta gent va creure que Speedy Gonzales travessava el barri de Gràcia, a Barcelona. I no, era jo.

Ho volia fer tan bé, volia encertar-la i dur-los a un lloc tan perfecte que no m'adonava que anava de cap al desastre nuclear. Sí, em vaig equivocar d'escola. Si fos budista diria que el karma es va fotre un fart de riure amb mi i em va castigar per ser tan corcó, llauna i pesada. Jo mateixa, quan me'n recordo, badallo i m'avorreixo. Va ser un gag del destí del qual vaig sobreviure. Així que tranquil·litat i bons aliments. Hi ha esperança més enllà de les pifiades. I com que sóc una dona amb esperit científic vull deixar constància de tot allò que vaig descobrir en aquells anys de bogeria a la cerca i captura d'escola.

La solució

En primer lloc relaxar-se, relaxar-se i relaxar-se. En segon lloc, si us ve de gust podeu llegir el que ve a continuació. De tot plegat no me n'han quedat gaires certeses i les poques que tinc les vull compartir. La primera és que és més important la tonyina que la llauna. L'edifici pot estar dissenyat per Frank Gehry i tenir uns espais que recordin la mansió d'un lord anglès, però el que importa és que hi hagi projecte educatiu (i com a projecte educatiu no valen les frases «Ensenyem a aprendre», «Cada nen té el seu ritme», «Una educació fonamentada en els valors». Això és copiar i enganxar). L'altra és que tendim a buscar escoles per a nens de P3 i ens oblidem que acabaran sent preadolescents hormonats. Una escola amb sorrals i horts i milions d'hores de migdiada està molt bé, però saber com aconseguiran que els interessi la lectura i les matemàtiques i com els estimularan a pensar per ells mateixos als deu anys també. I la tercera certesa i última és la de la llei de la informàtica segons la qual la informàtica va de conya fins que falla. Una bona escola és la que respon davant de les catàstrofes mínimes i màximes. Ja pot tenir pissarres tàctils, no valer un duro o costar un ronyó o oferir programes d'intercanvi amb Finlàndia, però si hi ha problemes i l'escola fa veure que no hi són, cagada pastoret. Per tant, des d'aquí convido a tothom a no quedar-se amb els pares encantats de la vida amb el futur centre escolar. No. Que busquin els amargats, els queixosos, els que han tocat el dos. Que els trobin i els preguntin. Pot ben ser que tota aquesta gent no tinguin raó, o que les seves raons no ens convencin, però mai ningú podrà sentir-se estafat.

Ara bé, pot ser que seguiu aquests consells i, així i tot, el centre escolar triat us disgusti com un meló amb gust de cogombre en ple agost. Si fos així torneu al primer consell (relaxar-se, relaxar-se, relaxar-se), perquè si l'elecció resulta una llufa el problema tampoc és tan gran. Els nens es traumatitzen per menys coses de les que ens pensem i el canvi d'escola no n'és una. Ja ho deia aquella boca amb potes: si t'equivoques, torna a començar.

2.2. EL TÍPIC ERROR DEL MES DE JULIOL I L'ESTRATÈGIA GM

Cada mes de juliol tinc una discussió esquizofrènica amb mi mateixa. La part perfeccionista-franquista vol deixar-ho tot lligat i ben lligat per marxar de vacances amb el material i tot el necessari per començar l'escola preparat. La part lúcida i bon vivant vol fer el que s'ha de fer: beure orxata, prendre el sol, ratllar al calendari els dies que queden fins al dia 31, fer esforços sobrehumans per treballar, beure una altra orxata, prendre el sol... Les dues parts discuteixen acaloradament i quan acaben em comuniquen el seu resultat. De vegades guanya una, de vegades l'altra, fins que ja n'he tingut prou. He agafat les estadístiques i a la vista dels resultats he declarat el mes de juliol mes de vaga general escolar. Per convèncer la part perfeccionista a la llista anterior (beure orxates, prendre el sol...) he afegit activitats tan poc curriculars com veure *El padrí I* i *II* al cine en versió HD, preparar caipirinhes amb les amigues i fer el manta. No, no me'n penedeixo.

El que les xifres em van mostrar és una correlació directa entre un juliol atrafegat i un setembre cagant-me en tot. Invariablement, al setembre descobria que els llibres de text estan fets d'una matèria quàntica que els fa impossibles de materialitzar-se a les botigues abans de novembre. Les bates revisades al mes de juliol ja no serveixen perquè el nen o nena ha tingut l'ocurrència de créixer. El material encara està pendent de marcar. I TOTES les extraescolars han fet canvis d'última hora que engeguen a prendre vent qualsevol planificació. O sigui, que en aquest cas la prevenció és un cas greu de ferelpresseguisme. Conclusió: al juliol feina zero. Però, esclar, no fotre ni brot al juliol pot tenir una contrapartida perillosa: morir de sobreesforç al setembre. Això seria un greu error que, després d'unes setmanes sense... (anava a dir treballar i això a casa meva és una mentida, perquè anar de vacances amb tres MEC no és, precisament, no treballar)... activitat professional, no és gens recomanable. El que cal és adoptar l'estratègia adequada.

La solució

Us proposo que adopteu l'estratègia GM (gata maula). Les gates maules són aquelles fembres sense esma per fer res que ho aconsegueixen tot a còpia de laments noucentistes, de sospirs llargs i profunds, de ventaments de pestanyes i de veus flonges i cursis que fan anar de corcoll mitja humanitat mentre elles jeuen al primer lloc que troben, sempre amb una excusa raonable (les lumbars, la cefalea, els ovaris o el mal d'ànima). Són les meves heroïnes. Les odio, però ho són. Roben temps i nervis, nòvios i marits, amigues i feines, ofertes i ocasions. Amaguen dins seu un autèntic Vito Corleone disfressat de bella dorment, aquella gata maula universal. Són les reines del mambo.

Per tant, la cosa consisteix a fer el que calgui per no fer res i que ho faci qui sigui menys vosaltres. Per exemple, tingueu un lumbago sobtat el dia 11, enlliteu-vos, agafeu ben fort les mans dels vostres descendents i amb veu tremolosa deixeu anar alguna cosa com ara: «Fill, a l'armari hi tens la bata de l'escola, descús tu mateix la vora i, ja de passada, repassa'n els botons». Una altra proposta seria tancar-se al vàter amb una excusa gàstrica qualsevol i passar per sota de la porta una nota escrita: «A qui correspongui, avui és el dia límit per comprar els llibres, aquí hi ha l'adreça, pregunteu per la senyora Pepita i doneu-li records». No cal que ningú sàpiga que no existeix dia límit, només vosaltres. No diuen que la informació és poder? Doncs això.

Pel que fa al material només cal actuar per silenci administratiu. Els nens i nenes ja us reclamaran el que calgui i d'una forma espaiada i humana. Un dia un boli, l'altre un compàs, l'altre una goma. La resposta sempre ha de ser la mateixa: «Ai, fill, ja ho compraria jo, ja, però la rinitis m'ho posa taaaan difícil». Els nens ja s'espavilaran a demanar-vos el número de client preferent de la llibreria i ja s'entendran directament amb l'establiment. I les extraescolars? Ah, és, precisament, pel que menys cal patir. Estem en crisi i són les mateixes empreses les que us empaitaran perquè formalitzeu la inscripció.

Conclusió alegre i definitiva: al juliol feina zero i al setembre encara menys. Una solució perfecta per tenir una bona entrada de curs.

2.3. ELS DEURES, AQUELL DOLÇ MOMENT DE CONNEXIÓ ENTRE PARES I FILLS

Molt bé, vaig triar escola, potser no vaig encertar-la a la primera, però al final ho vaig aconseguir. Molt bé, vaig aprendre la millor estratègia per arribar viva el primer dia de curs. I llavors el curs comença, la rutina s'estableix, sonen els violins, la vida ens somriu i... caguntot, ja hi tornem a ser: els deures! A mi, que els nens tinguin deures, mentre no sigui en excés, no em molesta. Encara més, m'entendreix. Veure'ls asseguts en silenci, resolent el mític dos més dos i acceptant la mentida que el resultat sempre, sempre és quatre; buscant a l'ordinador la vida secreta de les formigues obreres i veure'ls la cara quan s'adonen que és una existència pastada a la dels seus progenitors; espiar com estudien la lliçó penjats cap per avall de la llitera, com si la posició ajudés que les idees fessin pòsit a l'interior de la tapa del crani. El problema és que, a casa meva, tot plegat és un miratge, microescenes que no duren més de tres o quatre segons.

A partir del cinquè segon el que s'esdevé és una lluita aferrissada de l'adult contra el nen perquè enllesteixi els deures en un temps inferior a tres hores per fitxa, dibuix, pregunta o qualsevol mena de tasca. També existeix la modalitat Ultimàtum a la Terra, quan els dic que o enllesteixen les feines en un temps raonable o s'ha acabat el bròquil i ells em responen: «Klaatu barada nikto». Aquestes i moltes altres escenes gens tendres tenen lloc a la meva dolça llar i, segons confessions fetes en sopars de pares amb un índex d'alcohol a la sang força elevat, també es dóna a la majoria de les llars catalanes amb menors d'edat a càrrec. Però faltaria a la veritat si no reconegués que aquell infant que es llançava a terra plorant i picant de peus i mans al crit d'«És injust! És injust!» cada vegada que havia de fer un miserable dibuix d'una vaca per a l'endemà, ara només munta una escena una vegada al mes. O fins i tot cada dos mesos! I també és de justícia posar totes les cartes sobre la taula i parlar dels deures idiotes.

Si et toca un professor o un claustre sencer obsedit per la idea de pintar, tu i el menor heu begut oli. Algú ha certificat amb estudis científics que l'aprenentatge d'idiomes augmenta si l'alumne acoloreix un gos que du al costat la paraula *dog*? I les matemàtiques? Cal pintar amb tot detall els elements que estan dibuixats a dins dels conjunts? I qui diu pintar diu dibuixar de forma obligatòria. Obligar un nen que odia dibuixar a fer un dibuix sobre el llibre que s'ha acabat de llegir és assassinar un lector. O fer escriure un text i acabar rematant-ho amb l'exigència d'un dibuix. Oi que cap mestre no demana en acabar una sèrie de problemes que l'alumne faci un text explicant com l'ha resolt i què ha sentit mentre ho feia? Doncs això.

Un capítol a part són els pares tramposos. Tafurs de pa sucat amb oli que «només» donen un cop de mà. Com remuntes un nen que s'ha passat una tarda per fer un plànol de casa i et diu que el Pepet ha fet una presentació en 3D amb música de John Williams?

La solució

Ser la pitjor mare del món m'atorga privilegis com el d'explicar la veritat de la vida als meus fills: que hi ha persones que sempre en saben més perquè han nascut amb una ment privilegiada, o perquè s'esforcen el triple que ells. Però que també hi ha una mena d'escurçons amb qui toparan ho vulguin o no ho vulguin: els mentiders, i que mira, nosaltres no ho som, però que a la pròxima el Pepet es quedarà amb la boca oberta perquè ara mateix m'apunto a un curs de CAD-CAM i realitat virtual i del que faci falta. Pel que fa als deures idiotes només cal certificar una obvietat: que deu mans pinten més ràpid que dues. I suggerir un títol per a la propera redacció del nen: «Jo, de gran, mai seré acoloridor de sèries de dibuixos animats». D'altra banda, per als MEC que es resisteixen a acceptar que han de dedicar deu minuts a preparar un dictat i per als que no poden sofrir seure a una mateixa cadira per estudiar un mateix tema i han d'utilitzar-ne fins a tres, com una rínxols d'or qualsevol, només vull recordar que hi ha coles d'impacte amb un resultat de subjecció excel·lent. Certificat.

2.4. ACCEPTEM-HO, LA RUTINA NO EXISTEIX: ELS DIES DE LLIURE HORRIBLICIÓ

El curs escolar té una pastanaga lligada a una corda que servidora s'empassa com si res: la promesa de la rutina. Hi ha qui l'odia, i jo, per exemple, en qüestions laborals, no l'aguanto, però quan es tracta de vida domèstica, al setembre, després de la disbauxa de l'estiu, sospiro només de sentir-la: «Rutinaaaa... aaaai». Cada any hi caic de quatre potes, i sempre m'enduc la mateixa decepció. Perquè la rutina, acceptem-ho, no existeix. El curs comença de forma honesta en aquest aspecte. La majoria de les vegades la primera setmana no arriba als cinc dies laborables. A la ciutat de Barcelona, per reblar el clau, aviat celebrem la festa major, i tornem a tenir una setmana de quatre dies. Els virus no triguen a fer la seva aparició estel·lar i el primer nen malalt desmunta de nou la rutina. Però el que ho engega definitivament tot a rodar són els dies de lliure horriblició. Aquests dies són la constatació que el curs ho és tot menys monòton. I per afegir més emoció a tot plegat només cal que els centres escolars en què els MEC estudien, uns primària i els altres secundària, decideixin que no cal agafar els mateixos dies de lliure disposició.

Recordo aquell any en què em vaig marejar. Va ser una setmana de l'horrible pont de la puriconstitució. Són tantes les giragonses i combinatòries que vaig haver de fer per combinar la vida real amb la vida estil Disney Channel del calendari escolar que no sé com vaig aconseguir tornar a la feina el dilluns següent amb les facultats mentals intactes. La setmana no va tenir pèrdua: dilluns feia festa la gran. Dimarts tots. Dimecres ningú tenia festa però la gran no va anar a l'escola perquè ens vam equivocar. Dijous altra vegada tots festa. Divendres el mitjà i el petit van fer festa però la gran no. I el dissabte, per pura inèrcia, els vam dur a l'escola però, esclar, no va servir de res.

Perquè els dies de festa laboral intersetmanals són una xacra per a la productivitat del país, tant que potser quan llegiu aquestes pàgines hauran desaparegut. Però fills i pares en aquest cas fem (fèiem) festa alhora. Els dies de lliure disposició, en canvi, no. I recordo aquesta dada perquè sospito que qui se'ls va inventar no té en compte aquest petit detall. O què proposen que fem amb els nens? Entaforar-los al calaix dels bolis del despatx? Embarretar-los amb una pantalla i fer-los passar pel nou llum de peu de l'oficina, botiga, fàbrica, etc.? I si, a sobre, els fills van a centres diferents i no els coincideixen els dies de festa, ja és per cagar-s'hi. Que ningú em vingui amb la cançoneta que tots els treballadors tenim, també, dies per dedicar als fills perquè servidora, igual que milions de persones, és autònoma i tal concepte no existeix. I amb la tronada que tenim a sobre, les persones que treballen amb un contracte laboral tampoc no estan amb l'estat d'ànim adequat per demanar fins a set dies de lliure disposició.

La solució

Per favor, que ningú cregui que això és una arenga contra els drets dels mestres, gremi al qual respecto i estimo (sobretot perquè mitja família hi treballa i, per ara, em fa il·lusió celebrar les festes de Nadal amb alegria). Tan sols és la constatació que cada any, quan m'assabento del calendari escolar i m'apunto els horribles dies de marres, caic fulminada d'espant. Perquè ser pares i mares costa, i ja ho accepto, ja. Però tampoc no cal posar-ho tan difícil, coi.

I ara que m'he desfogat explicaré el que aquell any em vaig veure forçada a fer, per si a algú li serveix d'inspiració. Descartada l'opció del calaix del boli i del llum de peu tunejat m'hauria quedat la possibilitat de cedir els fills a algú de confiança, ni que fos una miiiica de confiança. Però, oh, casualitat, el telèfon no va sonar, no vaig rebre ni un missatge i, de cop, els veïns van haver d'atendre una trucada al mòbil cada vegada que m'hi acostava... colla de covards! Així que al pare de les criatures i a mi no ens va quedar més remei que convertir els nens en part del teixit productiu del país. El petit em va passar les notes de les galerades del darrer llibre, el mitjà va fer de becari en dues reunions de guió i la gran va aprendre a retallar fotografies amb photoshop. I tot hauria anat prou bé si no fos que les galerades estaven farcides de «caca de la vaca», el mitjà va convertir la sèrie on treballava en una de lluita de bandes de *skaters* caníbals i la gran va aprendre a desfer els retocs de les fotos familiars i vaig tornar a tenir arrugues, cabells blancs i cel·lulitis. Que quedi ben clar. O algú prohibeix els dies de lliure horriblició o amenaço de presentar els nens a les pròximes eleccions. Això sí que és una solució. I que ningú es queixi, jo he avisat.

2.5. AMPA AQUÍ!

No sé com va anar però vaig acabar sent vicepresidenta de l'AMPA. L'impuls perfeccionista va ser tan gran que de sobte el mal ja estava fet. Jo, la persona amb la consciència de fer-ho pitjor del món, feia un pas endavant i m'oferia per ajudar a dirigir l'associació de mares i pares de l'escola dels MEC just quan es trobava en el seu pitjor moment. No, no va acabar bé i vaig canviar d'escola. Ja m'ho deia la meva amiga Rosa: «I tu creus que podràs canviar l'escola? Vas bé, cirerer!». Quanta raó, Rosa, quanta raó. Hi ha poders malignes que no són canviables. Ara veig que, en tot cas, són anorreables.

Sobre les AMPA, parlo sobretot de les associacions de centres públics; hi recau una quantitat de feina i de responsabilitat excessiva per culpa d'unes institucions carallotistes i semenfotistes, siguin del color que siguin. Les associacions, formades per gent que treballa fora de l'escola (sí, tots els pares i mares que santament decideixen col·laborar-hi), arriben a haver de contractar el servei de menjador, supervisar monitors de temps de migdia, recaptar els diners per a mil i una activitats, siguin de temps lectiu com de temps no lectiu, demanar subvencions, relacionar-se amb les institucions per pidolar, exigir, queixar-se o negociar, organitzar mil i un saraus, i ser l'ase dels cops dels pares i mares que no participen activament a l'AMPA i, ai, del meravellós claustre d'alguns centres.

Tanta història amb la igualtat que representa l'escola pública i quan vaig ser-hi dins vaig adonar-me que aquest funcionament el que feia era perpetuar les desigualtats. Se'm posaven els pèls de punta en imaginar què devia passar en barris en què els pares i mares no poden o no volen implicar-se a l'AMPA.

Però el més sorprenent de tot va ser la reacció d'algunes de les persones que cobren de tots nosaltres davant dels pares i mares que hi dedicàvem el nostre temps. Dir-ne menyspreu és fer curt. Vaig quedar-me blanca en rebre una esbroncada a crits d'una senyora de llarga trajectòria progressista (amb sou públic) perquè al diari del barri s'havia publicat un article denunciant el retard d'unes obres a l'escola. Sí, va ser llavors que la paraula *anorreament* va començar a sorgir al meu cervell. I la frase «tocar el dos».

De totes maneres, l'experiència no sempre és tan extrema. Vaig caure de cul en veure com funcionava la següent AMPA que vaig tenir a bé d'experimentar. No era perfecta, no tot era fantàstic en la relació entre pares i escola, però era, com a mínim, normal.

La solució

Després de passar aquella experiència traumàtica, de veure com a algunes persones que treballàvem en aquell centre se'ls escapava el riure per sota el nas quan vam comunicar que marxàvem, ara m'adono que vaig ser massa... tonta. I massa... tonta. És el que té l'esperit de perfecció.

Si algú de vosaltres es troba en un atzucac semblant en primer lloc cal que es torci el canell dret i se l'immobilitzi una setmana sencera. De fet hauria de ser una lesió que haurien de patir totes les sofertes juntes d'AMPA que no reben el suport dels claustres i institucions, ni dels pares i mares del centre que, mentre uns s'esllomen, els altres canten, xiulen i practiquen la ciutadania sueca. Encara més, estaria molt bé que, de sobte, de forma sincronitzada, se sofrís una epidèmia de lesions a totes les juntes de les AMPA del país durant un mes. A veure com anava la cosa, a veure...

Estic convençuda que serviria per crear relleus saludables (ningú és imprescindible), per fer moure culs adherits amb cola impacte a la cadira i per visualitzar l'esllomament de tanta i tanta gent.

2.6. CURA DEPURATIVA DE FI DE CURS

Pels volts del 15 de juny la vida tal com la coneixem s'acaba. No es tracta del *corralito*, ni de la fi del món, sinó d'una altra fi, la del curs escolar. Aviat, a base de coca de llardons el dia 23 i coca d'ibuprofèn l'endemà per fer passar la ressaca, entrem al nou món: l'estiu.

Aquella darrera setmana és perillosa. Són dies en els quals he tingut temptacions de contractar quatre professors particulars i un *coach* motivacional, de llançar a augmentar la velocitat lectora d'algun dels menors d'edat que tinc a càrrec a força de jugar a fer de locutors de Catalunya Informació i, fins i tot, he estat a punt d'autoritzar aquell adolescent a fer-se un tatuatge mentre la frase tatuada sigui una tirallonga de paraules amb accent diacrític... Per sort he tingut un atac de lucidesa i m'he aturat en adonar-me que no cal. Tot el peix està venut. I que és moment de plegar, relaxar-me, deixar anar la tensió que m'ha fet caminar amb les espatlles gratant-me les orelles. *Alea jacta est.* Per bé o per mal, s'ha acabat el bròquil. Sí, s'acosta el bonic moment en què els menors d'edat que tinc a càrrec tornen carregats com mules amb àlbums, arxivadors d'anelles i tres quilos de treballs manuals. I cada any, mentre els fullejo, m'adono que pateixo una intoxicació escolar. Una sobredosi de reunions, fitxes, deures, aprenentatges, noms de nens i nenes nous, d'extraescolars, de llevar-se d'hora, de buscar vambes de gimnàstica perdudes, de cosir per onzena vegada el mateix botó de la bata, i de tantes i tantes coses que han ocupat el meu cervell i els dels MEC. No puc començar l'estiu tan col·lapsada. L'estiu no és un espai idíl·lic amb una banda sonora ensucrada. De fet, tinc un atac d'espant quan penso en la quantitat de menús que haurem de planificar tot el mes d'agost o en els deures d'estiu o en els tres casals en tres llocs diferents i en hores simultànies a les quals aniran els menors d'edat... És millor que m'aturi perquè, si segueixo, l'esglai serà irreversible.

La solució

Les cures de desintoxicació a base de dejunar o d'ingerir únicament algun líquid ensucrat són perverses i antipatriotes. Al país tenim un ritu iniciàtic que et deixa com nova: la foguera de Sant Joan. Allà, mentalment o de forma real, hi llenço un munt de material combustible. Coses tan idiotes com els polls o les sabates velles i pudents que no hi ha manera de fer desaparèixer dels caps i els peus dels nens. O els mol·luscos que van transformar la pell d'un dels interfectes en un paisatge lunar; els pantalons foradats als genolls malgrat les tres capes de pedaços a banda i banda; els «Sí, home!», «Tia», «No siguis motivada!» i les grenyes a l'ull; les col·leccions de cromos que mai s'acaben. Els deures que sorgeixen per generació espontània a quarts de nou del vespre. O les discussions eternes i circulars sobre la futilitat o la necessitat vital de tenir un *smartphone* o un compte de Facebook als onze anys. I, també, l'esgotament que provoca repetir tantes vegades que la ira no se soluciona trinxant objectes materials.

Però la foguera de Sant Joan es converteix en un castell de focs quan hi llenço el que emprenya de debò. Com els pensaments tòxics sobre el futur. Què faran els nens amb el panorama de psicothriller de terror econòmic que es presenta? Doncs i jo què sé. S'ha acabat pensar-hi! A la foguera! I per canviar l'angoixa per les penques els he dit que la cosa està fatal i que m'hauran de mantenir, perquè tinc més fe en l'adveniment de Han Solo que en la meva pensió de jubilació. I és això i altres sentiments per l'estil el que carbonitzo: l'angoixa, la por, el sentiment de fracàs, els dubtes... Aaaai, els dubtes! Au, a les flames! Que cremi tot plegat fins que només en quedin cendres, que enterro encofrades en un contenidor de formigó per assegurar-me que no contaminen ningú més.

Diuen que si a la nit de Sant Joan et rentes la cara amb la rosada no cal que et gastis cent euros en cremes antiarrugues. Jo m'he inventat una nova tradició igualment absurda. Començo a fer-la córrer i a veure si cola: diuen... diuen que si la nit de Sant Joan llences una sabata de nen vella i pudent a la foguera aquest any els menors d'edat que tens a càrrec et faran cas a la primera!

EXERCICI DE REPÀS: EL DILLUNS

Cal que entenguis que has de suspendre. Sé que et costarà però has de començar a assumir que tu no ets la millor, ni ganes. I tu, pare perfecte, tampoc. Tot és una il·lusió òptica psicotròpica. És un gran esforç, ho sé, però has de deixar d'arremangar-te i fer que passin coses.

Abans de tot, escriu mil vegades: «La setmana escolar comença en dilluns». Sí, el primer pas és desentendre't de tot allò que els MEC haurien d'haver fet el cap de setmana i que no han fet. I de tot allò que cal que preparin el diumenge al vespre i que, oh, tantes vegades no preparen. A partir d'ara et llevaràs els dilluns i a les ulleres de 3D hi superposaràs unes ulleres de sol que facin impossible veure tot allò que no et pertoca a tu veure. Para atenció a l'hora de preparar-te el cafè o el te, no fos cas que et socarrimis o te l'aboquis per sobre per culpa de les dues ulleres (no tinc pressupost per a indemnitzacions, ja t'ho avanço).

Que se'n van sense bata? Ah, mira. Que no han fet els deures? Ja s'ho trobaran. Que havien d'anar disfressats de follet empre-nyador i t'ho intenten comunicar el dilluns en llevar-se? Digue'ls que a la nit has patit un atac de sordesa inesperada i que per molt que intentin transmetre't el missatge fent mímica no captes ni una sola paraula. I que, au, ja és hora de tocar el dos cap a l'escola.

Ah, i les cartes sorpresa que apareixen a la motxilla tampoc les pots llegir. Tens presbícia galopant i has perdut les ulleres. Ai, quina llàstima. I si la mestra se't queixa li escrius recordant-li que hi ha un objectiu pedagògic transversal: l'autonomia i la responsabilitat, i que tu només t'has limitat a aplicar-lo.

Si no pots suportar la visió del teu MEC marxant a escola desvalgut, brut, despentinat, amb un xiclet enganxat al camal del pantaló, amb la llibreta dels deures oblidada a la nevera mig tacada de quètxup, la bata rebregada sota el coixí del sofà i l'equip de gimnàstica desat i oblidat a l'armari de les joguines, tanca't al lavabo i canta un *medley* de les sintonies de les teves sèries preferides de la teva infantesa per no pensar-hi. Com a mínim passaràs una bona estona i sense adonar-te'n ja serà hora de marxar. Llavors, en comptes de dir-los «Que passeu un bon dia», sigues sincera i acomiada't amb un «*Alea jacta est*». Quan siguin a l'escola comprendran el sentit de les teves paraules i sabran que la seva vida acaba de canviar. I la teva també.

EN AQUESTA LLIÇÓ HEM APRÈS... POTSER

Si alguna cosa hem après, potser, és que amb l'escola millor posar-s'hi de cara que de cul. Que per molt que intentis encertar-la sempre et pots equivocar amb la teva tria i que, mira, tampoc passa res per canviar els nens d'escola, els prepara per al futur de mobilitat laboral globalitzada. Que hi ha pares estafadors i pedants que fan els deures als fills per fer-los quedar bé, i que cal combatre'ls amb les mateixes armes. Que no ets imprescindible i que la feina de preparar material, llibres, cordes d'escalar i tot el que cal per començar el curs, ves per on, la pot fer una altra persona. O unes quantes. Que els dies de lliure horriblició són un invent del diable. Que hi ha dues menes de progenitors, els que col·laboren a les AMPA i els que no. I que tot i que és un esllomament val més estar a la part dels que sí, però amb mesura. I que quan arriba la nit de Sant Joan servidora crema tota la porqueria espiritual acumulada i alguna de material i es queda d'allò més descansada. Ah, i que als bons mestres i a les bones escoles, agraïment etern.

LLIÇÓ 3

ACCEPTARÀS QUE MARY POPPINS NO EXISTEIX

PROBLEMA: PRETENDRE QUE CASA TEVA SIGUI UN MODEL D'ORDRE, SALUT I BONES PRÀCTIQUES INCREMENTA EL COLESTEROL EN SANG

Aquesta és la rebel·lió d'una mare que ja n'està fins als cabells blancs de la coroneta de fer veure que és Mary Poppins. De patir perquè ningú, absolutament ningú de casa, entén la necessitat de fer servir a cada àpat el mateix tovalló amb la seva argolla de diferents colors per distingir-los. De dedicar diumenges al vespre a destriar d'una enorme capsa les peces de Lego de les peces del puzle de tres-centes peces. De muntar escenaris de teatre de casa normalitzada que duren a penes mitja hora. Per què perdre el temps intentant que mengin coses de color verd de bon rotllo? Que se les mengin i punt! O que no en mengin tantes! Ni parlar de la combinació d'aliments adients! Quan es pot es fa i quan no mala sort. I què significa aquest esclavatge modern que prohibeix als MEC dedicar hores a les tasques domèstiques? Rebel·lió, progenitores! Rebel·lió!

Sí, progenitores sofertes, vosaltres sabeu que no hi ha tema més sensible a les pulsions patològiques d'autoexigència que els hàbits de vida i les maneres de funcionar a casa. Ni la iconografia dels anys cinquanta i seixanta amb mares estil Doris Day, ni els caos vitals hippiosos són models recomanables. I el postmodernime bonrotllista tampoc. Acceptar-ho no és senzill. Jo mateixa, quan vaig descobrir que CAP model em funcionava, vaig enfonsar-me. Tenia tan imbricat als plecs del cervell que CALIA que tot ho fes bé, que el fracàs repetit i constant, el botzinar sostingut per cada acció de col·laboració demanada, només podien ser una mostra del meu mal fer. I que malgrat haver-ho provat tot (sí, tot) el procés i el resultat sempre eren feixucs i migrats.

Per tant... potser en una altra vida tindré una casa de revista totes les hores del dia, o conviuré amb MEC que gaudiran de la textura del pebrot cru, o em llevaré relaxada i deu minuts més tard encara estaré igual de relaxada, però ara sé que això, com he dit, serà en una altra vida. Ara i aquí, doncs no. I no passa res.

CASOS PRÀCTICS

3.1. VERDURA NO ÉS TORTURA

El tipus d'alimentació s'està convertint en una escala de Richter per saber si ets una progenitora políticament correcta o si falles estrepitosament mentre enverines els fills amb quètxup. Un perill al qual es veu sotmès tot progenitor susceptible de voler fer-ho bé és l'estafa. Perquè, parlem clar, hi ha massa nens que mengen escalivada. O tàrtar de salmó. O búrgul amb síndria. O qualsevol marranada que faci quedar els pares com uns gurmets i el nen com una mena de petit Ferran Adrià. A casa meva no, esclar. Sempre és a casa dels altres. Uns altres formats per a famílies repel·lents que expliquen excursions gastronòmiques que em fan sentir una mare primitiva, grollera, bàsica, la progenitora de nens amb gustos unidireccionals. No és normal que als menors d'edat els entusiasmi el suflé de peus de porc. Com pot ser que no s'hagi iniciat una investigació per establir el lligam entre aquesta sospitosa distorsió del gust i l'expansió de les xarxes wifi?

Segurament perquè no n'hi ha cap, de lligam. Com tampoc no hi ha cap distorsió del gust. Només hi ha adults delerosos de lluir nen, com qui llueix la insígnia de diamants del club de petanca. Ara dir que els nens mengen de tot queda bé. Doncs ja n'hi ha prou. A fregir espàrrecs els espàrrecs i altres menges per l'estil! I no és perquè no ho hagi provat, no. Perquè ser la pitjor mare consisteix a haver-se empassat un pou de veritats que no hi ha manera de digerir i que se't faci un nus de macramé al sistema digestiu i que et repeteixis ximpleries de l'estil: «Deu ser que ho faig malament». I fas de tot, com aquell dia que, desesperada, vaig comprar colorant de color blau i els vaig servir crema d'espinacs. Esclar, no els vaig dir que era crema d'espinacs sinó crema de gominoles. I se la van empassar tota. Amb recança, amb certa desconfiança amb una mare que saben que és capaç de tot per fotre'ls un gol. I els el vaig ben colar. O això em pensava, perquè quan van acabar em van dir que era molt bona, la crema d'espinacs blava. Però que no en pensaven menjar mai més.

La solució

Dimitir. No hi ha volta de full. Jo vaig dimitir i em vaig quedar més que descansada. Que em perdonin les autoritats però ja no podia més. Que mengen només dos tipus i mig de verdura? Doncs ja està. Que la gastronomia dels menors d'edat que tinc a càrrec segueix l'estructura dramàtica dels Teletubbies, que repetien una vegada i una altra la mateixa història? Doncs ja s'ho faran. Perquè la verdura, tan bona, tan gustosa, tan extraordinària, no és tortura. Ja se la menjaran de grans. Que jo, de petita, si m'haguessin plantat al davant un plat de bròquil, hauria anat de pet a denunciar la meva mare a la comissaria per maltractaments, i ara en consumeixo a cabassos sota la mirada anguniosa dels meus fills, que temen per la meva vida si insisteixo a menjar coses tan estranyes. I per si el cuc de la culpa, insistent i podrit, hagués gosat atacar-me, el doctor Carlos González va escriure el cop d'efecte final. El doctor, company al suplement «Criatures» del diari *Ara*, guanyador del primer premi La Pitjor Mare del Món, categoria llista d'honor, i persona raonable, va escriure un article en aquest mateix espai

(24/09/11) en què afirmava que els adults no podem fer res perquè els nens mengin un aliment que no els agrada. RES. *NIENTE. NADA*. I qui sóc jo per desmentir el Carlos González, sobretot quan diu coses que em faciliten tant la vida mental? Així doncs, si sempre volen menjar les mateixes coses i d'aquí no en sortim, ells s'ho perden. I que les provatures quedin per quan van a casa dels oncles, les tietes i els amics que els accepten com a convidats, tu.

3.2. PRESSA, LA MALEÏDA PRESSA

Quan algú vol ser perfecte té dues vies d'acció. Ocupar-se d'una sola cosa i fer-la bé fins al punt de dedicar-hi anys i panys fins que la torre Eiffel amb escuradents estigui acabada. O fer massa coses, com servidora quan abaixa la guàrdia. No és el típic problema de fer quinze coses alhora. No, l'estil pop he procurat deixar-lo enrere, però sense adonar-me'n l'he substituït per una ocupació compulsiva lineal. És una qüestió de quantitat. I, com és normal, quan vaig amb un Sputnik al cul la vida em passa factura, com la setmana del contracte.

Aquell dia vaig tirar un sobre a la bústia amb un contracte per a una editorial i tot seguit, com un llampec, vaig tenir una il·luminació: no l'havia signat! Em vaig imaginar la cara d'estupor de l'editorial en rebre els contractes impresos i sense cap signatura i em vaig voler morir. Com m'havia pogut passar? En rebobinar hi vaig veure tantes coses que em vaig marejar. L'error va ser preparar el sobre cinc minuts abans d'escapar-me per anar a buscar el més petit dels tres menors que tinc a càrrec. Tenia visita al metge, a mig matí, i vaig fer el que no hauria d'haver fet, activar el mecanisme conegut amb el nom d'aprofitament letal: «Aprofito que...». I, aprofitant que sortia, em vaig planificar la sortida per canviar les vambes de la gran, que s'havien autotrinxat cinc setmanes després d'haver-les comprat; comprar piles per al comandament de la tele perquè només funciona a vint centímetres de la pantalla, i enviar el contracte que fa un parell de dies em van enviar per signar. Ho vaig agafar tot, vaig respondre una trucada de telèfon, vaig preparar el sobre i, au, amb el turboreactor al cul vaig anar a buscar el petit element per dur-lo al metge. Encara sort que no vaig canviar el nen a la sabateria i no vaig dur el comandament al metge.

El dia abans ja m'hauria d'haver posat en guàrdia. La meva veïna, amb un nadó acabat d'estrenar, em va proposar d'anar a fer un volt a mitja tarda. Hi vaig anar acompanyada de la gran dels meus menors d'edat que tinc a càrrec, perquè és la fan número u del nadó dels veïns i perquè... sí, una altra vegada l'aprofitament letal, perquè no només se li havien autotrinxat les vambes, sinó també les botes de cordons que es va comprar el mateix dia, i volíem anar a reclamar a la sabateria. La meva veïna m'estima, perquè malgrat sentir el que sent a través de les parets encara em va convidar a fer un passeig amb el seu dolç nadó. Però no sé si ho tornarà a fer. El que havia de ser un passeig tranquil es va convertir, per obra i gràcia de servidora, en una cursa frenètica per més de set sabateries. A la número u em van dir que no em podien canviar les sabates, que les havia de deixar i les enviarien a la central. Caguntot. Així que vaig activar el radar per buscar unes botes substitutes a un preu més baix que el de ganga, i que colessin prou per semblar una digna filla de pijiprogre en lloc d'una Jennifer qualsevol. La veïna, que només volia una crema biològica per al seu nen, ens va seguir amb la llengua fora, a la recerca d'un impossible. I, a sobre, de sabates res. La crema biològica, sí, que per alguna cosa vivim al barri de Gràcia, a Barcelona.

Però no ha estat el contracte ni la pobra veïna els que em van impulsar a aturar-me i escriure. Va ser una coca mig socarrimada. Vaig pensar que en seixanta minuts podria fer la coca, enfornar-la, corregir un text i sortir pitant a buscar el petit i els seus amics devoradors de coques. Vaig salvar mitja coca, no vaig corregir el text i vaig arribar tard a l'escola en plena crisi existencial. M'hauria d'haver aturat i apuntar-me al moviment *slow*. Hauria d'haver-ho fet, però en lloc d'això vaig aprofitar el que m'havia passat per escriure un article. No tinc remei.

La solució

No hi ha alternativa. Davant d'una situació tan extrema cal prendre mesures dràstiques. No hi ha més solució que llençar, donar o regalar tota l'absurda roba de dona que no ve equipada amb butxaques. La falta de butxaques és una anomalia còsmica que les universitats d'arreu del món estan estudiant perquè és molt possible que sigui un dels factors de risc de l'augment del nivell d'estrès de la població femenina. Perquè sense butxaques és una mica més difícil practicar l'ancoratge. Però amb les butxaques a lloc no hi ha cap problema. Per tal de dur a terme un ancoratge perfecte només cal proveir-se d'unes senzilles peces de plom de cinc quilos cadascuna i entaforar-les dins de les butxaques. Amb un pes de deu quilos suplementaris al cos l'acceleració es fa totalment impossible. És a dir, ens ancorem a l'asfalt, al parquet, al terra de gres, a la realitat, vaja. I si algú de vosaltres té problemes estètics i no vol veure augmentat el volum dels seus malucs només cal encarregar uns meravellosos collarets de plom del mateix pes i penjar-se'ls al coll. Si així i tot la progenitora aconsegueix una velocitat poc aconsellable tan sols cal augmentar el pes dels ploms fins que l'activitat es redueixi i arribi al límit aconsellat per l'OMPS (Organització Mundial de Progenitors Saludables).

3.3. ATACS D'ORDRE

De casa sóc jo la més endreçada. Amb aquesta declaració ja es pot deduir que la meva llar no passaria el control de qualitat estètica de la Maison Marie Claire. Amb l'ordre hi tinc una relació contradictòria. M'agrada mentre no arribi al nivell patològic, però m'odio a mi mateixa quan em sento esbroncar els de casa perquè insisteixen a pensar que els objectes tenen vida pròpia i es guarden sols (quin mal ha fet *Toy story*). He patit crisis existencials quan he visitat cases on tot és a lloc. En tornar m'he sentit habitant d'una llar de pel·lícula americana, que protagonitza algú pobre i cutre que viu entre peluixos i llaunes de cervesa. La crisi no dura gaire, perquè la distància (mental, física, quàntica) tot ho cura. O gairebé tot, perquè aquella vegada que vaig tornar de casa una reencarnació de Bree Van de Camp, la polida i retorçada dona desesperada de la sèrie americana, vaig patir un atac d'ordre històric.

Va ser un atac d'una virulència extrema. Vaig començar a quarts d'onze i em van haver d'aturar a les dotze de la nit, embogida, mentre destriava medicaments caducats. Durant moltes hores no vaig fotre punyetero cas a cap dels menors que tinc a càrrec i vaig fer descobertes arqueològiques que estic valorant donar generosament a la Generalitat. Vaig espolsar-me l'autocompassió i les excuses i vaig escanejar i travessar amb mirada de raigs X armaris, calaixos, prestatges i racons innombrables i foscos del pis. La conclusió va ser rotunda: havia arribat el moment d'actuar i vaig aprofitar una estona en què em van deixar sola a casa per iniciar un procés irreversible. Per dissimular una mica vaig començar amb els llibres. Vaig fer una pila immensa per expulsar de casa aquells llibres que no he llegit ni penso llegir, els dolents i els d'un sol ús. Quan els menors d'edat es van confiar pensant que aquell tornado no els afectava vaig atacar els seus llibres i després les joguines. Fora totes aquelles a les quals els falten un 60 % de les peces! Que circulin les que tenen un dit de pols per culpa d'un ús inexistent! S'ha acabat el funest costum de conservar joguines de quan tenien pocs mesos i no sabien dir ni «Mama, compra'm un tirapets»!

I, esclar, vaig arremangar-me sense commiseració amb els àlbums, treballs i creacions artístiques. Normalment és una feina que faig amb diürnitat i traïdoria, aprofitant que són a escola per desfer-me dels cadàvers. Aquella vegada no. Ho vaig fer davant seu, obligant-los a triar uns quants dibuixos i fitxes i, el pitjor de tot, forçant-los a dir en veu alta que sí, que podíem fer desaparèixer aquella casa de fang que hem tingut al menjador durant quatre anys i el mòbil de la Vella Quaresma de fa tres anys. Els vaig fotre un discurs *new age* sobre el *fengshui* barrejat amb una explicació economicista sobre el preu del sòl, les plusvàlues i la bombolla immobiliària que els va deixar KO, tant, que no van deixar anar ni una llàgrima a l'hora de fer neteja de bibelots *handmade*. Després vaig atrevir-me amb el calaix dels cables i aparells elèctrics, amb l'horrible caos dels colors i estris per fer treballs manuals, amb els DVD i CD... L'endemà un dels nens em va preguntar: «Mama, ja et trobes bé?», i jo, ressacosa i esgotada, vaig mirar la casa desconcertantment endreçada i vaig mormolar atordida: «Em sembla que sí».

La solució

La casa, esclar, no va durar gaire endreçada, tan sols un oasi de dues setmanes, o potser menys. Si vosaltres voleu evitar el mateix error seguiu les instruccions següents. Per superar traumes i embolics visiteu una biblioteca equipades amb una llibreta i un llapis. Podríeu estalviar-vos el desplaçament i enllestir amb una senzilla consulta a l'ordinador, via internet, però és imprescindible que el coneixement romangui al cervell, i moure el cul sempre hi ajuda. Un cop a la biblioteca cal tenir cura de no aturar-se a la secció de ficció. No toca endinsar-se en els envitricollats camins de l'ànima. El lloc adequat per aturar-se és la lleixa de les enciclopèdies d'història, exactament la dedicada a l'Imperi Espanyol del Segle d'Or, més concretament al regnat de Felip II. Un cop obert el volum corresponent, agafeu la bossa, extraieu-ne la llibreta i el llapis i disposeu-vos a copiar paraula per paraula l'article dedicat a l'Armada Invencible. No us podeu oblidar de transcriure la frase «Ningú va enviar-me a lluitar contra els elements». De fet, el més recomanable és que la copieu entre dues mil i tres mil cinc-centes vegades. I quan considereu que l'article i la frase us han xopat l'ànima i el cervell torneu a casa. Comprovareu que veieu i viviu la realitat de l'ordre domèstic amb una visió més que real, imperial, i d'allò més relaxada.

3.4. TASQUES DOMÈSTIQUES

Quan la nit de dissabte te la passes plegant cinc quilos de roba en lloc de mirar una pel·li en què hi surti el Viggo Mortensen, ha arribat el moment de plantejar la revolució domèstica. El 15-M i la presa de la Bastilla no són res comparats amb la revolució que cal perquè els menors d'edat passin de subjectes passius a ciutadans actius capaços de col·laborar en les tasques de casa. Però per enfrontar-se al canvi i la revolució cal estar preparat psicològicament per suportar una resistència titànica. Normal, a ningú no li agrada perdre privilegis. S'ha parlat molt de la revolució feminista oblidant que, de vegades, l'actitud dels fills és similar a la d'aquells homes que confonen un microones amb la tele i, a sobre, se'n senten orgullosos.

La pedagogia clàssica aconsella que els fills col·laborin en les tasques de casa perquè els nanos han de tenir clar que viuen en comunitat, una família, i que hi han de contribuir. I que els hem d'educar perquè siguin capaços de valdre's per ells mateixos. Però la crua realitat és que han de pencar perquè una casa no és l'Hotel Bahia Beach, ni els seus pares uns cambrers contractats per una ETT. I per aconseguir-ho no cal escarrassar-s'hi amb discursets morals perquè és possible que el temps lliure que els has regalat l'hagin fet servir per mirar la tele i et poden dir que de gran seran famosos i que tindran qui els ho faci tot. Ni tampoc funciona espantar-los amb la crisi econòmica i amenaçar-los que el més probable és que els toqui treballar enllustrant sabates d'un potentat xinès i que no es podran permetre tenir servei domèstic. Els nens s'han empassat massa dibuixos d'una esponja que parla i ara creuen que tot és possible, fins i tot que quan siguin grans la crisi s'haurà resolt.

La solució

El millor és aplicar un pla de xoc. A l'hora de les postres anunciar que avui és el primer dia de l'any 1 dr (o sigui, després de la revolució) i lliurar-los un dossier amb fotocòpies dels manuals de funcionament de la rentadora, el rentaplats, la nevera i el microones; una targeta de client del súper; el llibre *Receptes inofensives per a infants o com esdevenir un petit xef*; un GPS amb un mapa detallat de la casa que et porta a llocs clau com ara el calaix dels llençols, l'armari de la roba i el racó de l'escombra, i un enllaç al magnífic tutorial «Com aprendre a parar i desparar taula sense arruïnar-se».

Els progenitors només rebran una capseta amb dos objectes: dues manilles que s'han de col·locar i tancar. És molt important que la clau de les manilles la tingui un notari, un veí sense nens, o qualsevol persona insensible que es negarà a obrir les manilles abans d'un mes. Passat aquest temps la família haurà fet grans descobriments. Els pares, que ningú no ha denunciat al Tribunal Penal de l'Haia per fer que un nen de sis anys buidi el rentaplats o estengui la roba, i els fills s'adonaran que els pares, realment, no són cambrers llogats per una ETT sinó persones que tenen dret, per exemple, a veure una bona pel·lícula (insisteixo, si pot ser, que hi surti el Viggo Mortensen) i a descansar, en lloc de passar-se la nit dels dissabtes plegant calcetes i calçotets.

3.5. POLLS, LA PREGUNTA DEL MILIÓ

Hi ha una pregunta que de forma crònica em ronda pel cap. Bé, pel meu cap i, especialment, pel cap d'algun dels meus fills, que de tant en tant es graten amb delit: per què existeixen els polls? Per ser sincera confessaré que la pregunta me la formulo d'una manera més mediterrània i volcànica: per què repunyetes han d'amargar-me i situar-me al límit de l'existència el càstig dels polls i la mare que els va pondre? Caguntot! Si fos catòlica podria afirmar que els polls són una prova que ens envia el Senyor, però fa temps que em vaig desapuntar del club i ara em trobo que les respostes són una mica més difícils d'encertar. Però, malgrat la dificultat, n'he aconseguit unes quantes. La primera és poc satisfactòria perquè ens situa enmig de la cadena tròfica d'uns éssers execrables. Els polls existeixen per xuclar-nos la sang i que algú se'ls cruspeixi. Punt.

Als humans, però, no ens agraden les respostes que ens acosten a l'animalitat i per evitar-les ens compliquem la vida cercant-ne d'altres. Filosofem, vaja. Jo no en sóc una excepció, així que en deixo anar una de més elevada: els polls existeixen per deixar al descobert el que les persones tenen de bo i de miserable. Gràcies a un poc subtil interrogatori al menor d'edat que tinc a càrrec que patia la infestació de torn, he estat capaç de detectar les famílies poc solidàries de la classe, aquelles que per sistema envien els fills a escola amb insectes saltadors al cap, les que creuen que la natura ha de seguir el seu curs sense intervenció de pintes, locions, xampús, suavitzants, olis, ungüents i l'acció mecànica dels dits. I, al seu torn, els polls de la punyeta m'han permès adonar-me que hi ha bones persones que t'expliquen el seu mètode exterminador particular, que t'envien quinze enllaços a pàgines web amb informació confidencial de gran valor, que et conviden a formar part de la Lliga Antipolls, gent que sap el que és detectar una invasió de *Pediculus humanuscapitis* a les deu del vespre d'un diumenge, i fer-hi front, endavant, sense por, implacable.

La solució

Totes les altres respostes són meravelloses. Expressen la misèria i la delicadesa de l'ànima humana i bla, bla, bla... Però no tot pot ser tan elevat o em trairia a mi mateixa. Posats a respondre, he pensat treure quatre peles de tot aquest martiri i ja tinc mig escrit un llibre titulat *Els polls o el camí de la felicitat*, en què explico que els insectes són una oportunitat inestimable de desenvolupar la paciència, l'amistat, l'acceptació, la creativitat, la visió positiva i totes les punyetes d'aquest estil que se m'acudeixin. Paciència quan cal comptar fins a quaranta-vuit bèsties xucladores d'un sol cap; acceptació per aprendre que no hi ha res a fer, cada vegada que els caps es posen en contacte amb caps aliens són envaïts com aquella insignificant roca de Perejil aquell estiu del 2002; creativitat per idear un sistema d'eliminació prou agressiu i eficaç sense que, alhora, arribi a minvar el funcionament de les neurones que hi ha sota el cuir cabellut afectat; una amistat prou forta per arribar a compartir hores i hores despollant caps de nens i nenes, costat per costat, i pensament positiu per arribar a la conclusió que els fills de les persones que treballen a les farmacèutiques també reben visitants capil·lars.

Però amb tota la raó em podeu tirar en cara que la solució és personal i intransferible i que ja us estic tornant els diners, cosa que ja us avanço que no penso fer. És per això que proposo l'obertura d'una causa a internet, una ILP, o una cadena humana de Barcelona a Brussel·les, per exigir a les nostres autoritats que dediquin diners, esforços i voluntat política per eradicar EL PROBLEMA. Un problema que si s'hi dediquen les partides pressupostàries convenients pot ser un brot verd que faci brostar la malmesa economia europea. No només pels ingressos que pot comportar trobar la solució definitiva contra els maleïts insectes, sinó perquè, no ens enganyem, aquells que solucionin el problema dels polls seran capaços de solucionar-ho tot, fins i tot la crisi.

3.6. MATINS. LA PROVA DEFINITIVA

Engego la ràdio al matí i els anuncis no deixen de repetir dues parauletes: energia i alegria, alegria i energia. Les fan servir per vendre de tot: cereals, cafès, cotxes, laxants i el que sigui, i jo em pregunto si de debò l'alegria i l'energia són presents als matins d'aquesta família meva. Observo al meu voltant i veig dos menors d'edat enfavats mirant les notícies de la tele (és l'únic que mirem al matí i és tanta l'addicció televisiva que s'empassen les explicacions sobre la prima de risc amb resignació), una menor d'edat emprenyada perquè el pare de les criatures ha monopolitzat el lavabo per afaitar-se, i servidora xarrupant cafè, enyorant el llit i, alhora, calculant si en cinc minuts la casa pot quedar recollida-dissimulada i els nens higienitzats-llestos per anar a escola. Energia, alegria i dubtes.

Pel que fa a l'energia diré que al matí, quan el despertador m'obliga a obrir els ulls, trigo pocs instants a engegar la maquinària i quan ho faig, esgarrifada, adquireixo l'aspecte cadavèric d'un membre de la família Adams en recordar la quantitat de coses que he de fer i he d'aconseguir que facin en seixanta minuts. Al matí, d'energia en gasto, i molta. Altra cosa és que aconsegueixi que tothom faci el mateix.

La gran no té problemes d'aquesta mena. És una menor d'edat sostenible: gasta molta energia però també en genera moltíssima. Als matins s'autogestiona sola i més des que estudia secundària i s'ha alliberat de l'obligació de fer el mateix horari que els seus dos germans petits, també coneguts com «aquell parell». Aquell parell són dos menors d'edat prou grans per activar-se i gestionar-se sols però que sovint no ho fan. «Què fan, aquell parell?», pregunto, «Ja s'han llevat?». La resposta habitual és la negativa, o la positiva amb l'afegit d'algun «però» acompanyat d'una descripció subversiva tipus «Estan jugant amb els coixins a Star Wars» o «S'estan pintant un tatuatge a les cuixes amb retoladors». En resum, un parell de dormilegues i àcrates a qui la disciplina escolar provoca pell atòpica i hèrnies discals espirituals i a qui, de vegades, a èpoques, aconseguir fer fora de casa a l'hora convinguda costa. El primer dia de curs es lleven prou bé. Però a partir del segon dia clapen sense misericòrdia mitja hora després d'haver-los despertat.

Sobre l'alegria i l'estat d'ànim ja és un tema més delicat perquè fins i tot quan les coses sembla que vagin com una seda de cop una bomba de neutrons de mal humor em pot explotar a la cara. El motiu pot ser qualsevol: un que bloqueja el vàter amb un atac sobtat quan l'altre té un altre atac sobtat, una altra que no troba el mòbil i que sospita que tot és un complot per tenir-la aïllada, i un tercer que declara que ell ha nascut de família noble i que no té l'obligació d'escombrar el menjador... La mala llet per esmorzar em posa de molt mala llet i els tralalà que procuro cantar de bon matí es transformen en alguna cosa menys harmònica i hippy. I, després, quan ja són a escola, em sento fatal. Estarem hores sense veure'ns i l'últim que recordaran de mi és aquella sessió de boxa verbal. De vegades la paranoia se'm dispara i penso: «Si ara em cau una rentadora al cap, què? Quin record tan galdós!». Fins que vaig aplicar la solució i tot va canviar.

La solució

En primer lloc, persona progenitora desesperada, no defalleixis. Un dels objectius d'aquest humil manual és fer-te veure que les teves misèries són universals, i que al final del túnel, tot i el peatge, hi ha llum. Els matins estressants, aquesta dura prova a la qual ens sotmetem cada jornada laboral, tenen solució: la universitat. Si has estudiat Filosofia només caldrà que repassis alguns apunts, però si no ho has fet et podria dir que espavilis i recuperis el teu certificat conforme vas aprovar la selectivitat. O que si no la vas aprovar t'afanyis a passar les proves d'accés per a més grans de vint-i-cinc anys i, un cop superades, matricular-t'hi. Però l'objectiu és desestressar-te, així que tan sols serà necessari que estableixis amistat amb les poques *rara avis* que encara cursen els estudis universitaris de Filosofia i que un t'avisi quan toqui parlar dels ESTOICS. Aquell dia et coles a l'aula i t'il·lumines amb la saviesa d'aquells grecs. En sortir agafes els llençols vells, et fabriques unes poques túniques camisó i t'adornes el cap amb branques d'olivera. L'endemà, quan et llevis, recorda l'esperit estoic i travessa aquella hora funesta sense perdre el somriure i amb un posat clàssic i resolutiu. Sobretot, recorda de posar-te bufanda a l'hivern. Les túniques poden ser traïdores.

EXERCICI DE REPÀS: COMENTARI DE TEXT I TREBALL PRÀCTIC

A) El tema de repàs escollit és l'alimentació. Llegeix amb atenció el text i només quan l'hagis entès contesta les preguntes marcant l'opció correcta.

X, mare de tres fills, una nit, de bona fe i induïda per mil i un missatges subliminars, va donar per sopar als seus fills bròquil. El resultat va ser la desintegració familiar, el caos i la rebel·lió. Va provar de servir el plat amb xampinyons saltats i un grup de GEI va assaltar casa seva per endur-se-la. La dona va convèncer la unitat especial dels Mossos d'Esquadra que els fills tenen un sentit de l'humor especial i la van deixar anar. I quan va intentar camuflar el bròquil sota el quètxup els fills van formar una pila de greix sobre la taula, procurant que la sola de les vambes contaminés de forma casual el contingut dels plats.

1.

Quina hauria d'haver estat l'actuació correcta de la mare?

a) Desestimar el bròquil i reaprofitar-lo com a mascareta de bellesa.

b) Triturar el bròquil i administrar-lo per via endovenosa.

c) Demanar hora a l'osteòpata.

2.

Assenyala una de les accions incorrectes i ofereix alternatives no violentes i que es trobin dins del marc de la legalitat.

3.

Ofereix deu bones raons per les quals és millor menjar bròquil, tot i el cost de la desintegració familiar.

4.

Escriu tres-centes vegades «De petita no menjava bròquil ni que em matessin i ara sóc capaç d'empassar-me sushi de cargol».

B) L'exercici pràctic de repàs consisteix a triar alguna de les opcions següents i, en el termini d'un mes, lliurar el treball fet i llest per ser avaluat a l'adreça exercicispractics@lapitjormaredelmon.com.

a) Un sistema per despollar els fills sense tocar-los. Una mena de pistola de llum —o dutxa de llum en versió pacifista— que fulmini els polls i immunitzi les criatures de per vida contra la bonica plaga de la pediculosi.

b) La creació d'un cromosoma transgènic que s'implanti fàcilment i que aconsegueixi que els nens i nenes facin deures a la primera.

c) La bossa de Mary Poppins en versió 3.0.

d) La capa d'invisibilitat per a mares de fills que es barallen. Tindrà una puntuació suplementària el desenvolupament de la capa d'invisibilitat per a mares, així, a seques.

e) Un giny en forma de pírcing que serveixi per gravar fills adolescents en situacions dubtoses.

f) Cloroform innocu en forma d'anís de xocolata (diguem-ho clar, de *lacasito*).

g) Un sistema per marcar la roba i el material escolar que no comporti més de dos segons de feina per peça.

EN AQUESTA LLIÇÓ HEM APRÈS... VOLS DIR?

No crec que l'OMS, o el Departament de Salut de la Generalitat, o Benestar Social em denunciïn per incitar a les males pràctiques, però per si de cas, el meu advocat m'ha aconsellat que aprofiti aquest espai per aclarir alguns conceptes.

Visca la verdura! Però si només ingereixen crema de carbassó no t'hi posis pedres al fetge. Fes-los crema de carbassó a raig. Envejar i espiar els fills dels veïns quan sopen cada dia bledes, coliflor, pèsols, espinacs, amanida de crudités i minestra, en aquest ordre, i sense cap queixa ni so agut, no et farà cap bé. Limita't a fer fotos dels fills dels veïns llençant la verdura per la finestra quan la mare no els veu i diposita les fotos, de forma anònima, a la bústia de la senyora repel·lent.

El desordre és dolent. No! És nefast! L'acumulació d'àcars per acumulació d'objectes no està gens bé. Però valora què t'importa més, si la teva tensió arterial perillosament alta o un cert relaxament de costums. Atenció, la clau és aquest «cert». Per complementar-lo i aportar-hi idees inspiradores et convido a llegir la lliçó 5 sobre disciplina.

La col·laboració en les tasques domèstiques no està considerada explotació infantil. Hi ha qui s'ho creu, sobretot algun MEC despistat. Per tant, endavant les atxes.

Tota acció delictiva produïda després de llegir aquest capítol, o qualsevol altre, és pura coincidència i l'autora no se'n fa responsable.

LLIÇÓ 4

DETECTARÀS LES TRAMPES MORTALS DE FESTES, TEMPS D'OCI I ALTRES SITUACIONS EXTREMES

PROBLEMA: CREURE QUE EL TEMPS NO LABORAL ÉS UN MOMENT DE RELAX QUE PROVOCA HALITOSI

Un exemple. La setmana, amb el terrible dilluns al matí, l'esforçat dimarts, l'elèctric dimecres, l'agònic dijous i l'apocalíptic divendres, arriba al seu punt més dolç. Al meu cap hi ha un munt de possibilitats i totes parteixen d'un mateix axioma: el cap de setmana, amb tranquil·litat faré... ESTOP! Tranquil·litat, el que se'n diu tranquil·litat, ni el divendres tarda, ni el dissabte, ni el diumenge sóc capaç de trobar-la. Hi ha hagut moments tranquils, això sí, i molts bons moments, evidentment, però TRANQUIL·LITAT, així, en majúscules, doncs no. La tranquil·litat, sospito jo, mal pensada, deu haver marxat a casa de les famílies amb fill únic. O a les de dos fills que conviuen en dolça harmonia. O a la de quatre fills, avesats a autogestionar-se i a viure amb una alta dosi de responsabilitat. O a la de tres fills amb una mare equilibrada, sàvia i serena. Perquè, esclar, diu el refotut dimoni coent que duc dins, si ni els caps de setmana la cosa va bé deu ser perquè no en sé prou. ESTOP de nou! No pot ser, científicament no és possible que tot ho faci fatal, em dic. Perquè no és només el cap de setmana. També passa que quan fem trajectes en cotxe i duc els MEC lligats la vida pot resultar complicada. I insisteixo en el concepte lligats. Rumio i concloc que la culpa la tenen els estereotips, allò que creiem que ha de ser la vida normal. El xoc de trens entre realitat i ficció barata. Com aquelles pel·lícules sobre mafiosos escrites per gent que només ha vist pel·lícules de mafiosos i no n'ha conegut cap en persona.

La realitat és una altra. I pot passar que tot allò que fem fora de l'horari laboral ens agradi, ens relaxi, ens ompli de goig. I pot passar que no. I després del caos podem prendre un vermut al sol de la terrassa. I de nou tornar al caos. I el que és el temps nostre, lliure, pot ser, de vegades, un seguit d'obligacions i trampes mortals. Acceptem-ho.

CASOS PRÀCTICS

4.1. UN DIUMENGE OBLIDABLE: EL NAIXEMENT DE LA LLIAVEXDESAMENMAPA

Podria dissimular, endinyar-vos la mentida que qui va viure aquell diumenge oblidable no era jo. No ho faré. Us he promès exposar-me a mi i a les meves tristes vivències i narrar-les en primera persona. Per això diré que acabava d'obrir la pàgina del diari del diumenge quan una intervenció demoníaca va fer dringar el telèfon. Una amiga em va oferir unes invitacions per anar al cine. Una família nombrosa poques vegades renuncia a invitacions, de manera que, ingènua com sempre, vaig plantejar el pla com si a casa fóssim una família normal d'aquelles que s'entusiasmen quan se'ls proposa anar al cine. Vaig fer orelles sordes a les frases de sempre («Hi puc anar en patinet?», «No vull posar-me mitjons!», «Si no em puc endur el patinet no hi vaig!», «Si ell es queda jo també em quedo!») i vaig arrossegar tota la unitat familiar cagant llets.

Va resultar que la pel·lícula no era apta per a nens menors de tretze anys i els elements que feia un segon es queixaven amargament a causa de l'obligació d'anar al cine, ara es lamentaven per no poder-hi entrar. Aquell malestar s'havia de canalitzar com fos i de nou Llucifer em va tornar a inspirar en forma de record. Una altra amiga m'havia recomanat l'exposició de Mariscal que feien a la Pedrera. Les seves filles s'ho havien passat tan i tan bé i al final pintaven alguna cosa per endur-se a casa. Cap a la Pedrera hi falta gent al so d'aquella banda sonora que em resulta tan quotidiana: plor desolat, queixes *sotto voce* i sons guturals a discreció.

Un cop allà el MEC que plorava es va apropiar del tamboret d'un dels vigilants i el va arrebossar de mocs. El que es queixava anava classificant les obres i aparadors: «Una caca, una merda, una llufa, un cagarro...», i el que emetia sons guturals comptava els dies que li quedaven per fer divuit anys i ser amo i senyor del seu destí mentre jurava que a partir de llavors mai més tornaria a trepitjar un punyeter museu o similar. Hi havia altres nens a l'exposició i tots semblaven passar-s'ho bé. Tots menys els meus.

Davant d'aquell paisatge apocalíptic vaig recordar amb desconcert el correu electrònic d'una tercera amiga, en què em suggeria un vídeo d'un senyor, sir Ken Robinson, que l'havia sorprès amb la seva defensa de la creativitat i les capacitats i els dons dels fills. Res no lligava. Jo procuro fomentar la creativitat dels fills. Me'ls enduc al cine, teatre, performances, exposicions i tallers de tota mena, des d'una obra conceptual d'art i assaig escrita per ajudar els nens a acceptar l'existència dels deures fins a qualsevol taller gratuït, com aquell que consistia a construir una vaca gegant que riu amb capses de formatgets buides. Els proposo fer collages reivindicatius amb lemes ben punyents —el més lluït va ser «El meu carrer no és absorbent, que el teu gos pixi a casa teva, plis». Els engresco a redecorar l'arbre de Nadal amb els mitjons desaparellats de tota la temporada... però sempre, sempre, sempre obtinc el mateix resultat: laments i condemnació.

La solució

Què és el que faig malament?, em vaig preguntar. I aquell cop, jo, descreguda com sóc, vaig tenir una inspiració divina. L'error era fer. Fer. Fer. No faria res més. M'apuntaria a la lliga de l'avorriment extrem. Però no d'aquell que proposen perquè els nens aprenguin a avorrir-se, imaginar, trobar els seus propis recursos i bla, bla, blazzzzzz... No, a la lliga de l'avorriment extrem en defensa de la salut mental de les mares i pares. La LLIAVEXDESAMENMAPA. Un moviment creat per aconseguir espais de no-acció adulta en caps de setmana i festius intersetmanals que es postula a favor de la mínima activitat muscular.

Era conscient que el meu gest seria incomprès, que l'exèrcit de defensors de les agendes d'oci infantils em farien el buit, que la munió de famílies addictes als embussos de trànsit del peatge de Martorell no em tornarien a convidar a les seves festes d'aniversari, que seria titllada d'irresponsable, que m'acusarien de no contribuir al creixement del PIB, que a partir de llavors seria classificada com la pitjor mare del món, però tan se me'n fumia.

Des que sóc membre de la LLIAVEXDESAMENMAPA sóc feliç. Els meus fills continuen queixant-se, perquè —i aquest ha estat el seu darrer descobriment— per ells la queixa és la forma més genuïna de creativitat, però com a mínim el pare de les criatures i servidora arribem als dilluns com nous, descansats i amb ganes de tornar a sortir de casa per fer el que calgui. Fins i tot de treballar. No ho dubteu, apunteu-vos a la LLIAVEXDESAMENMAPA! Com més serem, menys farem.

4.2. FESTES I INFESTACIÓ DE NENS INFECTES

Sé que els descendents que tinc a càrrec no m'erigiran un monument a la mare enrotllada, però hi ha aspectes de la vida social dels fills amb els quals m'ennuego. Deixo clara d'entrada la meva admiració i solidaritat amb tots els pares i mares que s'embranquen a organitzar saraus a casa. Que, en un gest d'heroi nacional disposat a sacrificar-se, et reben amb una bossa de confeti i et donen carta blanca perquè el llancis per tots els racons. Que conviden vint-i-cinc criatures de quatre anys que s'escampen pertot arreu com una plaga de hàmsters hiperexcitats. Bona gent (molt bona gent) que et diuen que no cal que et quedis i que vinguis a recollir el teu fill d'aquí a tres hores. A tots ells, gràcies de tot cor.

Jo no sóc així. Ni amb les festes d'aniversari ni amb qualsevol altre aspecte d'aquesta glamurosa i frenètica vida social dels menors d'edat. Perquè, com que em nego a fer festes, com a mínim, és just que convidi nens i nenes a casa. Per mi, si és en un nombre dominable, la visita d'amics i amigues no em representa cap problema. Fins que va aparèixer el primer interfecte infecte. Nens amb tendència a amagar-se als armaris amb botes de muntanya. Amb aquells que no et foten ni cas tot i que és la primera vegada que vénen a casa. Petits elements que pretenen fer focs de camp a la cuina i competicions de salt de trampolí a la banyera. Va representar tot un xoc descobrir que a casa se'm podien colar petits aprenents amb pinta de Joe Pesci que t'obren la nevera i se't mengen les mandonguilles del sopar.

Per això és tan important no perdre peu a la sortida d'escola. La paraula més repetida del moment no és *berenar* sinó totes les variables de *quedar*. La sortida d'escola és un mar perillós per la gran quantitat de corrents subterranis que el recorren. Hi ha qui vol engiponar el nen al primer que passa, hi ha qui en vol encolomar dos. D'altres supliquen que vingui un altre menor d'edat a casa per distreure el seu. I alguns, molts, simulen sordesa temporal per no fer ni una cosa ni l'altra. Això els pares, però no oblidem els nens. Perquè són ells els grans instigadors, els que pretenen dur un ritme de trobades socials digna d'un hereu del principat de Mònaco. Quan el nen o nena és estàndard cap problema, però com sigui un element dels descrits anteriorment la situació és alarmant i cal combatre-la amb les mateixes armes.

La solució

L'OMS (l'Organització Mundial de la Salut), a casa, és paraula de Déu. L'OMS aconsella no mirar la tele als matins, fer deures, endreçar el calaix de les calcetes i passar-se la pinta atrapapolls dia sí dia no. Però la recomanació estrella de l'organització és oblidar-se de muntar festes d'aniversari al domicili propi. Fins i tot un delegat de l'àrea infantil va trucar personalment per desaconsellar tal pràctica. No sé si els meus fills es van empassar la bola però el cas és que he aconseguit reduir les festes a la mínima quantitat i expressió.

I pel que fa a les infestacions de nens infectes hi ha la solució suau i la forta. La suau és seguir el gran exemple del meu pare, el senyor Lluís Manso. La sola menció del seu nom feia córrer tots els meus amics. «Que ve el senyor Mansooo» era l'equivalent a petita escala de l'«Aigua!» que criden els manters. Jo no els entenia. Era un home estricte en moltes coses però un gran amant de la broma i els acudits dolents. Ara, de gran, quan ja no hi és, he entès el seu joc de mans. I he fet meva la seva estratègia dissuasiva davant certes criatures i no tan criatures indesitjables amb les quals exerceixo de terrible senyora Manso, la pitjor mare del món. Em calço la cara de pitbull emprenyat i els dic, assenyalant-los amb el dit índex: «Eh, tu, marrec, vigila, sé on vius i on amagues el cromo de Messi». La majoria no tornen a venir, i jo encantada.

Però de vegades tornen. No sé com s'ho fan però ho aconsegueixen. Per combatre aquests casos és imprescindible optar per la solució extrema i crear grupuscles clandestins de solidaritat: la Confraria de la Llista Negra. Les confraries, formades per pares i mares solidaris, es reuniran en bars apartats del centre escolar i acordaran llistes negres de nens espantosos. Nens a qui ningú vol cap mal, però dels quals cal defensar-se abans no ens fotin fora de l'asseguradora de la llar. La confraria pot aplicar estratègies com la del «boicot silenciós». Un fil d'excuses i coartades comunes que impedeixen que els pares i mares dels energúmens sospitin res i deixin de dirigir-los la paraula. Són bona gent. Tous, fatigats, miops voluntaris o involuntaris, superats, ignorants, però bona gent i de conversa amable a la porta de l'escola. Per torns i mentre la resta distreu el pare o la mare del nen, un membre de la confraria comminarà el petit indesitjable que s'oblidi d'autoconvidar-se a berenar. Cal ser fort i esquivar i driblar l'atac de guitzes, cops de puny, colze i genolls amb què el nen provarà de convence'ls perquè canviïn d'opinió. Però si la barrera protectora falla i el nen en qüestió aconsegueix la tan preuada invitació caldrà recórrer al ninotet de vudú amb una sola agulla al ventre. En tres segons el marrec arrencarà a córrer acusat d'una sobtada diarrea que l'obligarà a posposar la visita. Problema resolt.

4.3. AL COTXE

Thelma i Louise eren dues senyores que, fartes de tot i de tothom, van emprendre un viatge iniciàtic en cotxe per viure aventures que, llàstima, van acabar amb un salt mortal. Thelma i Louise no duien nens al cotxe. Si n'haguessin dut, el salt mortal l'haurien fet al primer terç de la pel·lícula, més concretament, deu minuts després d'emprendre el viatge quan, fartes de sentir «Quant falta? Quan arribarem? Però quant falta?», s'haurien adonat que un viatge iniciàtic amb menors d'edat a càrrec no té punyetera gràcia.

Mentre la unitat familiar es desplaça en cotxe superem dures proves per a la paciència d'un esperit zen. Quan els desplaçaments són curts corro el perill de pensar que en poca estona no hi ha prou temps per a les catàstrofes. N'hi ha. Les garrotades fraternals, les sabates que desapareixen volant per la finestra, el naturisme sobtat i altres situacions per l'estil es produeixen en qualsevol lloc a pocs quilòmetres del pàrquing.

Els desplaçaments llargs com a mínim els trobo honestos. Sé que poden arribar a ser esgotadors i ho són. Aclarim-nos. Un desplaçament llarg és tot aquell que supera els trenta minuts de viatge. El més llarg que hem fet mai és d'unes vuit hores. Vam sortir d'hora a l'estil Guardiola. Tan d'hora perquè els nens no s'adonessin que eren traslladats del llit al seient del cotxe. Hores després es van despertar i els vam mentir sense pietat. Els vam dir que havíem sortit feia cinc minuts perquè, oh sorpresa!, havíem trobat un camí que ens estalviava mig dia de viatge. Aquell viatge havia anat de meravella i ens vam confiar. A la tornada vam sortir massa tard. Resultat: vam haver d'aturar-nos tantes vegades per pasturar les cabres que en lloc d'arribar a casa vaig pensar que havia arribat a la fi del món.

Però el pitjor que pot passar tant si el desplaçament és llarg o curt és una batalla campal al seient del darrere. L'espurna, el tret disparat a Sarajevo que encén una guerra mundial, pot ser el refotut joc del cotxe groc, algú que canta i un altre que no vol que ningú canti o un interfecte que decideix treure's les sabates i emetre un núvol tòxic. Són moments tensos en què enyoro no haver instal·lat una mampara antiatracaments com la que duen alguns taxis.

I l'altre premi gros a la situació indesitjable se l'enduen els mareigs amb perill de surgències. Com aquell dia que després de rentar el cotxe amb rigor i eficàcia dos dels tres passatgers menors d'edat van emular els guèisers islandesos en mode vòmit al cotxe... sense cap bossa de plàstic a l'abast. El tercer passatger, situat entre tots dos marejats, va optar per agafar l'armilla reflectora que hi ha desada en una butxaca i cobrir-se sencer per evitar les esquitxades. El desastre va ser tan absolut que vam veure'ns obligats a aturar-nos en un polígon industrial per netejar allò, i al pare de les criatures i a mi ens va agafar un atac de riure que encara ofèn i indigna els afectats.

La solució

Desplaçar-se en metro, tren, bici, parapent o qualsevol altre mitjà de transport no és garantia de pau, serenitat i bon funcionament del tracte digestiu.

Per als mareigs el millor és viatjar quan els nens dormen. Algú pot arribar a confondre-us amb la família Dràcula però és el que hi ha. O si no, folrar tot el cotxe amb paper film per tal que la neteja de la superfície sigui neta i ràpida. La indústria del paper film, tan malmesa des de la popularització de les carmanyoles i els embolcalls sostenibles us ho agrairà.

I per als conflictes quasi armats que poden esclatar al cotxe us proposo emular la saviesa dels antics mestres japonesos d'ikebana. A casa hi tinc unes flors seques, precioses i bucòliques. Les vaig collir una tarda que el pare de les criatures va aturar el cotxe en un marge d'una petita carretera menorquina, empipat com una mona pel nivell de tànatos que circulava pel cotxe. En un atac de lucidesa vaig decidir baixar-ne i desentendre'm del conflicte. Mentre collia les flors amb la mirada clavada a terra agusava l'oïda. Quan vaig deixar de sentir renecs, crits i plorades vaig tornar a pujar-hi, sentint-me rarament intel·ligent. I ara, quan les miro, em recordo que de tant en tant, molt de tant en tant, l'encerto.

4.4. PLACES I PARCS

No em reca afirmar que n'estic fins al monyo de places, placetes, parcs i altres espais d'oci a l'aire lliure infantil. Ja són molts anys de trepitjar places i el gran perjudicat d'aquest cansament ha estat el petit de casa. Ja no puc més de xuts encertats a la cara, fonts antihigièniques, sorres dubtoses, terres encatifats de burilles i merdes de gos, esgarips eixordadors i senyores llençant qualsevol deixalla a tot arreu menys a la paperera. Com deia Valmont, arribats a aquest punt, no ho puc evitar. He fet prou i de sobres i m'he convertit en una mare d'aquelles horribles (la pitjor, esclar) que esquiva les places i els parcs infantils. Però al meu barri és difícil, molt difícil. Visc a Barcelona, al barri de Gràcia, el barri mare de totes les places del món. Així que de tant en tant, com de nou deia Valmont, no ho puc evitar i pago peatge.

Cada vegada que m'assec en un banc incòmode i observo com els nens estan a punt de trencar-se la crisma per culpa d'un gronxador situat al bell mig del parc infantil, m'assalta el mateix pensament. M'imagino la pila de requisits per presentar-se al concurs públic de disseny d'espai ludicoinfantil a l'aire lliure i en visualitzo una de les condicions imprescindibles: no tenir nens. I com a punt extra, odiar tot el que tingui a veure amb els menors d'edat i odiar encara més els seus pares, avis, cangurs, etc. D'una altra manera no s'entén per què hi ha el que hi ha. A veure, anem a pams. Qui ha dissenyat la punyetera font que fa obligatòria la presència d'un adult perquè qualsevol marrec deixi de tenir set? Per què el coi de botó va més dur que una pedra i el broc de l'aigua està a l'abast de tota criatura de menys de set anys? I qui decideix sistemàticament que els gronxadors siguin al mig del pas? Això si hi ha gronxadors, que hi ha barris en què estem castigats amb una minsa inversió en mobiliari d'aquesta mena. Però el que es mereixeria un monument és la llumenera que va instal·lar aquell mític tobogan que acumulava electricitat estàtica al cos del nen quan lliscava avall i que regalava una descàrrega elèctrica al primer que el tocava.

Fa anys, quan era la primera del barri (i la més ullerosa) a arribar a la plaça de torn, m'acabava discutint amb els de la neteja. M'hi discutia perquè arribaven tard i no tenien en compte que hi ha famílies que fan ús del barri abans de les dotze del migdia. I també m'hi discutia quan arribaven abans i tenien l'ocurrència de regar tota la zona infantil i la deixaven totalment inutilitzable. Pel que sembla, és massa esforç pensar que les zones infantils s'haurien de regar al vespre. En el fons penso que eren coses que feia per no adormir-me asseguda a terra, fent veure que mirava encantada com la criatura pujava i baixava del tobogan electrificat. Ah, aquells dies de parc i plaça perdia nens. M'oblidava les motxilles desades en un raconet perquè no empipessin. Em robaven joguines. Els nens es passaven hores i hores mirant fixament les llaminadures del quiosc fins que l'amo, fart, els feia fora, o, dèbil, els regalava un xiclet... Ara m'he tornat una mare expeditiva que va a la plaça una estona i prou. I que mira entendrida les mares ulleroses que esbronquen els de la neteja perquè netegen tard o reguen la plaça. És llei de vida.

La solució

Les places i els parcs són com els peatges de les autopistes. Altra cosa és com i quan anar-hi. Si el MEC en qüestió s'ha obsessionat amb aquells metres d'asfalt, sorra, etc., sempre se'l pot portar en horari nocturn perquè s'adoni de la mena de personal que utilitza aquell espai mentre ell no hi és. L'acció pot comportar dues reaccions: el fàstic etern quan vegi els adults pixant allà on ell fa la croqueta o l'esglai etern dels adults incívics en veure què és capaç de fer un MEC indignat. Per als nens que es perden, sempre hi ha la possibilitat de comprar-los una corretja de gos d'aquelles de cinc metres. Hi ha qui es pot escandalitzar per aquesta mesura. Que dirà que els nens no toquen el dos així com així. Que és degradar-los i tot això. Jo també ho penso, però la salut cardiovascular dels progenitors passa per davant de tot. I per l'avorriment, la gelor de peus, els lladres de joguines i altres inconvenients de gastar plaça només hi veig una sortida: la bossa de patates. Quan estigueu fins al barret de ser allà, de patir fred, de barallar-vos per recuperar els ninos de la sèrie de torn, obriu una bossa de patates. L'efecte hipnoticoaddictiu silenciarà aquell entorn sorollós. Llavors, alceu-vos, agafeu les vostres coses i marxeu. Els vostres MEC, amb la promesa d'aquells hidrats de carboni salats i fregits amb greixos espantosos, us seguiran fins a casa com petits ratolins perseguint l'home del frac que tocava la flauta a Hamelín.

4.5. COMPRES DE NADAL

Quan veus pel·lícules americanes de temes nadalencs, on hi surt gent comprant cosetes boniquetes amb caretes rialleretes i llacets als paquetets, l'hormona de l'engany inunda el cervell de mentides. De sobte creus que comprar regals per al tió i Reis serà un moment emotiu i dolç que enganxarà amb pasta d'amor la teva família i la la la la raaràà! I és que ja ho diuen, la droga és mooolt dolenta i el millor que es pot fer és dir no, malgrat que qui et doni el consell sigui Maradona. Perquè la realitat és que tot plegat és un malson i que per aconseguir la quadratura del cercle cal esmerçar-hi unes hores que no existeixen, gastar uns nervis prou desgastats i tirar d'un pressupost cada vegada més... menys.

Encara recordo aquell any que vam fer-ho bé. Al mes de novembre vaig convocar el pare de les criatures a una reunió en un bar. Els afers importants cal abordar-los lluny de casa, amb un cafè i un entrepà de truita de patates. La fatalitat ha volgut que dos dels nens celebrin els aniversaris el mes de desembre i la circumstància nadalenca es complica encara més. El pare de les criatures i jo vam utilitzar tots els ginys informàtics a l'abast (tauletes, notebooks, etc.) per crear un document d'excel i repartir-nos regals segons la data i la persona que regala (avis, tiets, nosaltres...). Podríem haver tirat milles i deixar que els avis i tiets regalessin el que els plagués, però l'experiència és un grau i em nego a suportar una altra punyetera Harley-Davidson mida nen, d'aquelles grosses, que funciona amb una bateria que dura un minut, que ocupa mitja habitació i que fa més soroll que tota la flota de neteja de la ciutat. I tampoc vull traumatitzar el nen amb el típic regal pedagògic tipus «Passa-t'ho pipa aprenent arrels quadrades». És censura? Sí, i de la bona.

Així que durant una hora i escaig vam estudiar fotos, vam obviar aquelles pàgines dels catàlegs de joguines o de botigues d'informàtica en què tot està assenyalat (s'ha de generar un cert mal rotllo, perquè els nens no creguin que els Reis són més collonuts i enrotllats que els pares. I si ja saben la realitat de la vida, s'ha de generar un cert mal rotllo perquè sóc de l'opinió que si no hi ha conflicte intergeneracional els nens se t'instal·len a casa fins als trenta anys, i això sí que no), vam comparar preus segons els proveïdors i al final vam adjudicar el regal corresponent a la casella corresponent seguint un criteri clar: el que ens va donar la gana. Un cop feta l'adjudicació, vam fem un brífing per repartir-nos les tasques, vam acordar les dates de lliurament i vam convocar una reunió per a la setmana del 20 de desembre per revisar el desenvolupament del pla.

La solució

Però una bona planificació no comporta sempre una bona execució. En el 99,9 % dels anys el full de càlcul l'hem fet servir per mocar-nos. Llavors només hi ha dues vies: l'exprés i la superexprés. La superexprés, per sort, només la vam haver d'usar un any: vam entrar a un centre comercial a les deu del matí i en vam sortir a les vuit del vespre amb TOT comprat i, això també, amb les soles de les sabates polvoritzades.

L'exprés és la meva tria favorita: no moure's de cinc-cents metres a la rodona. En primer lloc, perquè al barri sempre hi ha de tot. Al meu i al teu. En segon lloc, perquè en comptes de comprar al fons d'inversió i als grans estalviadors de paradisos fiscals que acostumen a ser propietaris de tantes marques, grans magatzems i altres delícies, és millor comprar als teus veïns, amics i pares de l'escola que encara tenen botiga oberta o negoci *online* o taller del que sigui. I, en tercer lloc, per una qüestió estratègica. Amb ells pots tenir la confiança d'inventar-te un senyal, un codi, en el meu cas un alçament de celles superlatiu, que significa: «No se t'acudeixi vendre això! Guarda-m'ho que ja vindré a buscar-ho quan pugui, segurament el dia abans de Reis, però ja saps que vindré!». I el dia 6 de gener t'adones que la màgia del Nadal ha funcionat. No saps com t'ho has fet però has aconseguit comprar tot el que calia comprar. Ara, pel que fa a pagar... En fi, això ja és un tema per al 7 de gener.

4.6. ATRACCIONS

Si mai desaparec de manera misteriosa no em busqueu pas en un parc d'atraccions. Considero tot el que gira a tota castanya, puja i baixa de manera antinatural o es mou a batzegades, un invent del diable. Sé que el que diré deixa palès que no he viscut grans desgràcies, però un dels pitjors moments de la meva vida van ser aquells minuts terrorífics dalt del Dragon Khan. Per què vaig pujar-hi? Per què no vaig tenir esma d'aturar la màquina en sentir el crac, crac, crac de la cadena de la vagoneta que enfilava cap a dalt? No ho sé, però aquell crac, crac, crac és un dels responsables que ara els menors que tinc a càrrec no hagin visitat cap gran parc d'atraccions. L'altra és la mandra mortal dels seus progenitors a endinsar-se en un món de cues, mareigs i gent disfressada de tahitians o de ratolins universals.

L'única modalitat que accepto a la meva vida són els cavallets de fira, els poc normatius *cavallitus*. Els dos primers menors d'edat que tinc a càrrec van tenir la sort de gaudir de les atraccions Caspolino, a tocar de la plaça de Gal·la Placídia, a Barcelona. Eren decadents i mínims i tan casolans que quan un dels nens provava de fer escapisme a mig trajecte podies pujar-hi en marxa i tornar a fotre el menor d'edat dins la tassa que girava. Allà vam viure el gran moment iniciàtic, el pas del cotxe de bombers amb la porta que no s'obria a muntar dalt del cavall negre. I també allà vaig descobrir que la vida dalt d'un carrusel de cavallets de fira dels anys cinquanta, acompanyant un petit i poruc menor d'edat, també és bonica.

Però ara es porta una altra mena de cavallets, més lluents i estridents. Amb llums que encegarien un tuareg i, atenció, amb trajectes més curts i més cars. En altres paraules, un atracament a mà armada. Sobretot els que s'instal·len durant la festa major del barri de Barcelona on vivim. Deu ser que a la capital devem fer cara d'idiotes, perquè la mateixa màquina infernal instal·lada en una població amb un nom que no comenci per «Barcel» i que no acabi per «ona» és ostensiblement més barata. En conseqüència, a casa el #novullpagar fa temps que s'aplica i l'objectiu principal no són els peatges sinó aquestes màquines escurabutxaques disfressades d'espai d'oci infantil.

La solució

Si no hi ha més remei i el destí m'ha plantat davant dels morros unes atraccions de fira i la tècnica de la simulació del mareig sobtat no cola, em rebaixo a pagar alguna cosa. Trio, això sí, aquelles que tenen una relació preu/temps/desgast físic adequada. Els llits elàstics, per exemple. Acostumen a no ser un robatori descarat i els menors d'edat poden deixar anar la seva vocació d'astronautes. Sí, perquè els meus fills semblen haver nascut per desafiar la gravetat. Són feliços saltant, volant i levitant, i els llits elàstics els ofereixen una simulació prou bona del que deu ser un passeig lunar, en versió casolana. I, a més, en surten cansats de manera raonable. Tot i que un bon home que regentava uns llits elàstics va tenir la ingenuïtat de convidar-los a saltar fins que se'n cansessin i va comprovar de primera mà que els meus fills són dinamos biològiques, i que amb el moviment es recarreguen.

I si insisteixen a pujar a un dels invents diabòlics però ho fan a casa, o a un mínim de trenta metres lluny d'unes atraccions, els derivo. Per sort per a ells (i per a nosaltres) els menors d'edat que tinc a càrrec no només tenen un pare que es mareja en un tobogan i una mare garrepa que, a més, s'escagarrina per una miserable muntanya russa de tercera. També tenen avis, tiets i padrins. Ells són uns mecenes de les emocions fortes i cares i si segueixen convidant-los a totes aquestes punyetes un dia penso dedicar-los una estàtua. O dues.

EXERCICI DE REPÀS: EL TREN

A la pel·lícula *El tren* (*The train*, 1964, dirigida per John Frankenheimer i escrita per Franklin Coen i Frank Davis, basada en el llibre de Rose Valland) un grup de resistents francesos comandats per un inoblidable Burt Lancaster (quin home...) burlen els nazis que pretenien tocar el dos de França amb un tren carregat d'obres d'art, gràcies a l'hàbil i arriscat estratagema de canviar tots els rètols de les estacions allà on el tren s'atura. Els resistents hi arrisquen la vida, perquè malgrat que els nazis estan perdent la guerra encara campen pels prats francesos. De la mateixa manera us convido a arriscar-vos i a provar de confondre els vostres MEC en una operació delicada i subtil.

El diumenge al matí lleveu-los a la mateixa hora que el dilluns. És important que utilitzeu el mateix to de veu que useu els dies d'entre setmana. Feu les mateixes coses que sempre. Ells es resistiran. Argumentaran que us heu equivocat, que és diumenge, i vosaltres, aquí, heu de forçar la màquina. Insistiu en la seva confusió. Inventeu-vos tot el que vau fer ahir. Apresseu-los per no arribar tard a escola. Pareu atenció a no escoltar els seus crits i laments, les acusacions de bogeria que vessaran sobre la vostra persona, els insults. Feu com si res i sortiu de casa. Ells us insistiran, pesats, argumentant que els comerços estan tancats. No els feu cas. Si heu d'agafar cotxe, tren, metro o autobús, comenteu com si res que avui el trànsit està més tranquil, que hi ha seient per seure i que, ves, quina cosa més estranya, hi ha un silenci meravellós arreu.

I quan faltin cent metres per arribar al centre escolar atureu-vos. Ha arribat el moment de la vostra actuació estel·lar. Confesseu les vostres poques ganes de treballar. Admeteu que el vostre sentiment va en contra de les recomanacions de l'FMI i el Banc Mundial referents a l'esforç laboral que cal que faci la població dels països en franca recessió, i despulleu la vostra ànima davant dels MEC: sí, avui no teniu punyeteres ganes de treballar. Igual que ells no deuen tenir punyeteres ganes d'anar a escola. Doncs bé, avui fareu campana. Tots. Ells i vosaltres. Llavors proposeu els vostres plans somiats: què us sembla si tornem a casa i vosaltres jugueu TRANQUIL·LAMENT i jo llegeixo el diari i aquella novel·la tan bona i veig el darrer capítol de la meva sèrie preferida TRANQUIL·LAMENT? Us respondran sí a tot i tornareu contents, xiulant, alegres, joiosos, feliços i en una serenitat d'esperit mai vista.

En arribar ells jugaran, pintaran, faran allò que els ve de gust. I ho faran sense interrompre la teva lectura o l'estona de sèrie de televisió. També hi haurà moments compartits i tot fluirà com un rierol de postaleta bucòlica. Potser en algun moment hi haurà alguna punta de conflicte sufocada a l'instant gràcies a la sola menció del que haurien d'estar fent, avui, treballar. I a l'hora d'anar a dormir, la sorprenent vivència del suposat dia de campana laboral i escolar us confirmarà que el caos dels dies de festa és, en realitat, inevitable i la tranquil·litat, una sorprenent excepció.

EN AQUESTA LLIÇÓ HEM APRÈS... O NO

No fer res no vol dir encefalograma pla.
Menor d'edat no vol dir innocent.
Lligat (al cotxe) no vol dir neutralitzat.
Temps lliure no vol dir ni temps ni lliure.
Planificar no vol dir triomfar.
Parc d'atraccions només pot voler dir «Truca al tiet o a la tieta, fill».

LLIÇÓ 5

APLICARÀS LES NORMES DISCIPLINÀRIES QUE ET CONVINGUIN

PROBLEMA: NO TENIR NI PUNYETERA IDEA DEL QUE CAL FER EN CAS DE CONFLICTE AFAVOREIX LA CAIGUDA DELS CABELLS (EXCEPTE ELS BLANCS). I SABER QUÈ FER, TAMBÉ

El problema són els problemes i els problemes que porta solucionar els problemes. I els problemes afegits dels mil intents de solucionar els problemes. I així, fins a l'infinit.

I un altre problema que vaig tenir va ser creure en algunes de les bones persones que ens aconsellen, escriuen i ens dediquen conferències sobre els problemes i les màgiques solucions per esborrar els problemes. Jo, que vaig amb el lliri en una mà i amb la desesperació de trobar solucions a l'altra, vaig experimentar greus desenganys. Ingènua de mi, vaig creure que tornaria a casa amb aquelles propostes engrescadores a la bossa i que tot estaria arreglat. Ai, no va ser així. Ara ja sé que les dietes miracle són un perill públic i segons quins llibres i conferenciants també (el meu, no, evidentment, només faltaria!).

No tothom és igual de miserable. Hi ha gent solvent que escriu llibres (no, jo no m'atreveixo a autoqualificar-me de solvent) i fa conferències. I gent amiga que dóna bons consells... que no sempre funcionen per molt bons que siguin.

Per tant, el primer que cal és deixar la recerca artúrica i absurda del Sant Greal —LA SOLUCIÓ— i continuar fent el que bonament podem. Anar provant i anar fent. I anar prenent til·la. Anar fent i anar provant. I anar prenent til·la amb conyac. I així fins a l'infinit.

Aquí us deixo uns quants exemples de situacions i algunes solucions imperfectes. Aviso que segurament no funcionaran, però mira, si per casualitat sona la flauta, sigueu bones i expliqueu-m'ho a sisonalaflautaescricalamanso@manso.org.

CASOS PRÀCTICS

5.1. PARAULES

L'era digital confon certa gent. He hagut de sentir discursos abrandats defensant que la comunicació escrita i verbal ha mort. Visca la imatge! Les paraules, segons aquests visionaris, ja no tenen valor. Han caducat com aquell pot de salsa barbacoa que ha quedat arraconat al fons de la nevera. L'alfabet està off i ja no és *cool*, i just és allà on els enviaria jo, a prendre pel *cool*/cul. Perquè en el meu humil anar fent com a mare nefasta sé que les paraules tenen un poder infinitament més gran que el lleixiu rosa. Unes paraules que fan por. Que són tabú. Que sembla que cremin. Per a tots aquells que voleu abandonar l'ardu camí de la perfecció i voleu abraçar una visió de la vida més àmplia aneu de pet a buscar on vau amagar certes paraules. Deuen ser al congelador, esperant que els temps de la por al trauma infantil per causes idiotes s'allunyin. I mentre les recupereu, aquí sota us deixo escrits alguns avantatges sobre algunes paraules poderoses.

La solució
Si jo fos la millor mare del món, les primeres paraules que lloaria serien «Per favor» o «Sisplau» o «Gràcies, bufó». Però no, sóc jo, i sóc qui sóc i no pretenc fer la pilota al diari que em publica els

articles, però la primera paraula que em ve al cap és ARA. Emesa a uns determinats decibels i amb un precís nivell de greus i aguts, és la vareta màgica que aconsegueix proeses com convertir un cau infecte i amb un alt risc sanitari en un confortable habitacle per als *Adolescentis comunis* que campen per casa. O que trasllada les mil peces de Lego amagades sota el sofà dins la seva capsa corresponent. I que, fins i tot, estimula les ments en estat letàrgic a interessar-se per l'ortografia postfabriana.

PROU també té poders catalèptics. De fet és la clau que dóna per acabat el mundial de lluita lliure que s'organitza entre l'habitant del pis de dalt i el del pis de baix d'una coneguda llitera, quan en realitat s'hauria d'estar celebrant el triatló dels dos *iron kids* de casa (vestir-se, esmorzar i fotre el camp a l'escola). O que atura espirals addictives de menors d'edat adherits a pantalles (aquell estat que suposa un pas més enllà d'enganxats). I també és un sinònim perfecte per a frases llargues i empipadores de dir com ara: «Ja sé que us importa un rave visitar el jardí botànic però a mi em ve molt de gust i avui em toca a mi triar, perquè no trio mai, coi, i aquesta tarda vosaltres fareu el que us roti i jo me la passaré cuinant com una possessa per a tota la setmana. He dit».

NO és un clàssic que atura tsunamis de consumisme, quedisme (tendència compulsiva a quedar amb amics) i naturisme hivernal, perquè a casa hi ha certa fixació amb la màniga curta. I no vull oblidar-me del bot salvavides que representa la paraula POTSER. Després de ser acusada de falsedat, frau i prevaricació per no haver servit espaguetis i carn arrebossada tal com algú creia que jo havia afirmat, ara m'aferro al *potser* com un clau roent. Podré anar a casa de l'X demà? Potser. Anirem al cinema a veure *Hotel Quethicagues*? Potser. Faré festa d'aniversari? N... Potser.

També hi ha espai per al SÍ. Sí, necessito que algú m'ajudi a endreçar la roba, parar taula i, sí, és imprescindible que algú m'escolti i no pensi que tot el que acabo de dir s'emet en ucraïnès. I sí, sempre tindré temps per escoltar, sigui la vintena repetició de la narració del gol per l'escaire que un dels menors d'edat va marcar a l'hora del pati fa deu dies, o la quinzena vegada que alguna altra t'expliqui sulfurada la traïció shakespeariana d'una amiga. I sí, sóc una pesada i no em cansaré mai de fer petons, d'abraçar i masegar, per consolar, per celebrar o perquè em dóna la gana. I no penso deixar de fer-ho malgrat que un dia els menors d'edat deixin de ser-ho i em passin tres pams i jo estigui tan arrugada i encongida que, en realitat, seria més pràctic que ells m'abracessin a mi. Sí.

5.2. INTERNET *VS.* MACARRONS

La meva existència va anar de poc. El primer regal que va fer el meu pare a la meva mare, un cop casats, va ser *La enciclopedia de la mujer*, en què s'explicaven un seguit de consells per estar guapa, tenir una casa estil Doris Day i atendre els fills com cal. La meva mare explica que va estar a punt d'obrir la finestra i llançar-hi llibres i marit acabat d'estrenar. És evident que no ho va fer i jo vaig poder gaudir de la lectura de consells de bellesa tan interessants com aquell truc per evitar les arrugues: dormir amb una goma que subjecti la mandíbula mentre el cap reposa sobre un coixí de cartró. Els consells sobre com cuidar els fills me'ls vaig saltar i, mira, no em sap greu. Perquè, sí, un petó és el mateix ara que fa cinquanta anys. I la meva mare i jo hem viscut totes dues el minut d'or de la desesperació, en el qual durant seixanta segons ens ha passat pel cap la vida que hauríem pogut tenir si no se'ns hagués acudit tenir descendència que s'estomaca físicament i verbalment cada vegada que et tombes. I si hi ha justícia poètica els meus fills també l'experimentaran (he, he, he). Però les formes no tenen res a veure. La realitat de fa cinquanta anys i la d'ara són dos universos paral·lels connectats només per les lleis de la física quàntica.

Fins no fa gaire si una mare posseïa el secret del sofregit perfecte podia subornar, oferir, curar, pactar, alegrar, regalar i connectar amb els menors d'edat que la natura hagués volgut oferir-li. Ara ja no. Internet ha usurpat el tron als macarrons i si et vols quedar amb el personal no hi ha res com saber fer una cerca avançada, configurar la privacitat del Facebook o no confondre els enllaços amb els casaments.

La solució

N'hi ha que deixen anar que tot això dels ordinadors no els interessa. Després sospiren, miren al cel i canvien de tema. O encara pitjor. Hi ha mares perfectes que declaren que internet és el dimoni i que els seus fills no viuran exposats als perills del ciberespai. Com que aquest llibre no és més que un curset desaccelerat de perfecció, feu tot el contrari. No és bonrotllisme. Ni ganes d'enganyar els fills fent-los creure que una és més moderna que Lady Gaga. És pura supervivència. Si no pugem al carro d'internet els menors d'edat començaran a parlar un idioma estrany que no sabrem desxifrar. Faran coses estranyes que no sabrem si són delicte o dignes d'elogi. Ens prendran el pèl encara més que habitualment. I agafaran les regnes del poder cultural de casa. I això, no. Les regnes les hem de tenir nosaltres, ben subjectes o ben deixades anar, però nosaltres.

No és una opció. No és res de què ens puguem desentendre. Internet ha vingut per quedar-se. Els macarrons ens els podem comprar preparats o gorrejar-los a les àvies o anar al restaurant. El coneixement sobre internet només l'aconseguirem nosaltres. Els menors d'edat que corren per casa ja el tenen. O s'ho creuen. Nosaltres hem de saber-ne tant o més que ells. Hem de perdre la por. Apunteu-vos a un curset, pagueu una entrada a un concert a un nebot a canvi d'unes hores d'ensinistrament accelerat en xarxes socials i tireu-vos a la piscina cibernètica. Hi ha un contuberni judeomaçònic que ens vol fer creure que tot aquest embolic d'internet només és per a entesos, guais, joves, nens... els altres. No hi caigueu de quatre potes. I si algú de vosaltres es decideix que em busqui a Twitter i Facebook, al meu blog i on sigui. Sóc allà, prenent posicions, impedint que algú que no fa ni metre i mig es faci el llest amb mi.

5.3. AIXÒ NO HO FARÉ MAI

En l'ardu camí de provar d'aconseguir que a casa tot rutlli hi ha moments julioiglesistes. Errors que em vaig jurar que no cometria i que, oh sorpresa, vaig cometre / he comès. Tot i saber que hi havia un roc enmig del camí, m'hi vaig estimbar i ben estimbar. I com que altra cosa no, però sincera sí que ho sóc, aquí deixo escrita una antillista idiota d'errors d'algú que té la boca ampla com el cul d'un hipopòtam i poca/nul·la vergonya a l'hora d'exposar-la. Comencem.

COMPARAR

Comparar els fills entre ells és un anatema horrible. I ho vaig fer. Desesperada perquè el subjecte X fes allò que li pertocava, vaig pronunciar les maleïdes paraules «El teu germà...», o «La teva germana sí que...». Segons després d'haver comès un error tan de manual vaig sentir-me fatal i vaig córrer a demanar disculpes i mil perdons a la part més malparada de la comparació. L'element susceptible de ser menystingut, desorientat, va demanar-me que tornés a repetir la comparació perquè ho havia entès al revés i s'havia quedat tan ample. Llavors es va ofendre amb efecte retroactiu i jo vaig tornar a demanar-li mil perdons. El germà que sortia ben parat de la comparació es va afegir a la disputa al·legant que era una idiotesa retractar-se perquè jo tenia raó. El tercer germà es va ofendre encara més perquè no l'havia esmentat ni per bé ni per mal i tot plegat va ser pesat i ridícul.

DONCS PERQUÈ HO DIC JO I PUNT

Al paradís del políticament correcte aquesta frase està prohibida, però jo em vaig quedar la mar de descansada deixant-la anar. I, a més, va tenir un efecte fulminant. Però vaig ser tan burra de tornar-la a fer servir i descobrir que és un comodí que només val una vegada. De tota manera, té trampa. Quan érem petits volia dir el que volia dir, però ara no és més que una simplificació d'un llarg paràgraf: «Oh, fill meu, ja sé que tu i jo dialoguem, parlem, pactem i establim normes, fets i conductes segons les directives de la Unió Europea i les institucions que calgui. Que tots dos creiem en la democràcia i en la declaració dels drets humans. Però ara no tens raó i t'estàs aprofitant que tinc migranya, lumbàlgia i hèrnia discal per aconseguir el que vols. Així que avui t'he de dir que no, perquè ho dic jo i punt».

LA TELE NO ÉS UN CANGUR

Sobretot perquè no li pago a tant l'hora. Però... Ah, aquests peròs... Però hi ha moments crítics en les vides de totes les famílies d'aquells que demanen engegar a pastar fang tots els principis pedagògics que vam jurar protegir, i tirar pel dret. Com quan estic sola i un dels menors d'edat a càrrec decideix posar-se malalt, mentre l'altre hauria d'estar preparant-se un dictat i el petit vol que jugui amb ell i per cridar l'atenció repta a un combat de lluita lliure el que hauria d'estar preparant-se el dictat. Tot a l'hora que algú adult hauria de fer el sopar. Llavors, incapaç de fer el sopar i de posar ordre, els vaig posant davant la tele per torns. El que està malalt perquè, abduït per les imatges, contingui el mareig que sent. El que hauria de preparar-se el dictat perquè practiqui amb *El gran dictat* i, de passada, aturi el combat de lluita lliure amb el petit, i el petit perquè... sí, perquè en aquell moment no disposo de temps per jugar ni de fer d'àrbitre de combat de lluita lliure. És vergonyós? Sí, però la vida familiar a les 21.14 h pot ser molt dura.

ELS PARES NO SOM AMICS DELS FILLS

Fins que un dia t'afartes de tu mateix i et dónes festa. Jo ho he fet. M'he enrotllat i els he comprat un regal que sé que els fa il·lusió quan no tocava ni era recomanable fer-ho. He permès que menges-sin porqueries, m'he deixat fer un forat més a l'orella (coi, quin mal) i hem rigut junts quan hauria tocat posar ordre. Espantós, però cert.

I l'últim error: no explicaràs la vida dels teus fills. Un error que cometo de manera descarada i terapèutica cada setmana i que, a sobre, em perdonen.

La solució

Una possibilitat seria demanar cita a cal notari i signar una declaració joancarlista, afirmant que mai més ho tornaràs a fer. Però, què voleu que us digui, són ganes de complicar-se la vida. El millor seria aplicar la tècnica dels *men in black*, aquells agents secrets que tracten amb marcians i éssers d'altres planetes, i que duen una llanterneta que provoca l'amnèsia de qui s'enlluerna amb el seu raig de llum. Però, ai, tampoc és possible. Per tant, el més eficaç és omplir una copa amb dos glaçons de gel, un tall de llimona i vermut del Matarranya, i brindar perquè aquests errors no són altra cosa que la demostració empírica que estem aconseguint, per fi, ser imperfectes. Salut.

5.4. #TOTSHOTENEN

Hi ha frases que em provoquen tanta hilaritat o més que els acudits de l'Eugenio o les ganyotes de Harpo Marx. Són frases que els menors d'edat que tinc a càrrec deixen anar... anava a dir alegrement, però no és veritat, perquè les pronuncien amb un alt grau de dramatisme. Són perles com ara: «De debò que aquest trimestre no tenim deures!», «Et juro que la pilota s'ha mogut sola i ha trencat el vidre del menjador!», «Com em pots creure capaç de llençar el bròquil a la brossa amb la gana que hi ha al món?». Però la millor de totes, el *trending topic* de la vida infantil i adolescent, és «#totshotenen». És sentir-la i riure fins que se'm desencaixa el maxil·lar.

Segons ells, tots els seus amics, cosins o veïns tenen una consola de videojocs a cada lavabo, una tele de plasma al sostre de l'habitació, l'iPhone 5 o el que toqui un mes abans que surti al mercat, una targeta de crèdit sense límits per comprar al centre comercial de torn, un tatuatge al cul amb la marca de roba de moda, un pagaré per a una moto que venç el dia que el subjecte fa setze anys, un 25 % de les accions d'una coneguda franquícia de botiga de joguines, una motxilla domòtica, un ordinador platejat amb compte de Facebook, Twitter i Messenger i contrasenya infranquejable per a pares, una tarifa plana per depilar-se el bigoti i, per descomptat, un pare o mare comprensiu amb la seva compulsió consumista. A la meva vida de perfecció anterior les demandes m'asfixiaven. D'una banda creia que no ho estava fent prou bé i que no sabia triar regals, objectes, estris i artefactes diversos. Però també patia una espiral de remordiments de mare de nens consumistes. Què és el que feia jo malament per tenir uns fills amb aspiracions a catàleg de grans magatzems?

Per sort la meva vida perfecta va quedar enrere, i si voleu seguir el mateix camí d'alliberament que jo us regalo dues eines poderoses.

La solució

Davant d'una demanda d'aquest estil, cal triar l'opció A, també anomenada NFNC o «No fer-ne ni cas», o l'opció B, coneguda per opció HHH o «He, he, he». Totes dues tenen grans avantatges. Començaré per explicar les virtuts de la darrera.

L'OPCIÓ HHH

L'opció HHH, o «He, he, he», demana a l'adult que assumeixi una serenitat i un equilibri d'esperit notables. Si no és així els infants o adolescents detectaran la debilitat del nostre caràcter i prendran el comandament del nostre cervell. I això sí que no. En canvi, si la boca i el cap es mantenen freds i equànimes en podem treure un gran rendiment. «Ah, vols que et recarregui el mòbil?», «Vols mitja hora de DS?», «Vols depilar-te l'aixella?», «Vols el patinet de motor per anar a extraescolar de golf? Perfecte, quan...», i aquí la vostra inspiració hi afegirà el quan que creieu més convenient i interessant. Quan envernissis la porta del menjador, quan repassis els verbs irregulars d'anglès, quan emparellis els cent tretze mitjons del calaix dels mitjons desemparellats... Si hi renuncia, problema solucionat. I si no hi renuncia, haurà aportat alguna cosa al benestar familiar. A més (i aquí ve el secret del «He, he, he»), a partir de llavors ja tenim alguna cosa amb què els podem collar. Clar i català: ja són nostres!

L'OPCIÓ NFNC

Personalment sóc més partidària de l'opció NFNC. Els dic que han tingut la mala sort de ser fills de la pitjor mare del món i em quedo tan tranquil·la. La seva reacció no m'espanta. Sóc una ferma partidària d'un cert grau de lluita intergeneracional. A mi, el bonrotllisme de vint-i-quatre hores em provoca basques. O llàstima. Perquè tots aquests bonrotllistes hauran de suportar les criatures a casa fins que en facin cinquanta mentre que els meus ja tenen emparaulat un pis per compartir amb els cosins. He, he, he...

5.5. CRITS

Cridar no està bé. No ho hauríem de fer. Espantem els menors d'edat que tenim a càrrec amb la nostra versió més extrema i psicòtica. Quan crido, la cara dels meus fills es torna un mirall on en lloc de mi hi veig reflectida la senyora Rochester (atenció, espòiler!), la boja que impedeix la felicitat de Jane Eyre. Així i tot reincideixo. Ho faig ara i ho feia abans. La diferència és que abans em torturava per haver cridat.

Ara ja sé que l'espifio però no m'hi poso pedres al fetge. Procuro posar-me pedres a la boca per no tornar-hi i Santes Pasqües. I és que, com totes les conductes poc saludables, té una part fosca que ens reporta beneficis. Perquè, per exemple, és fatal dir-ho ara quan ja sabem que el tabac mata, però carai, fumar m'agradava. Mmm, aquell cigarret després de la copa de vi... Prou! Ja ho vaig deixar, i fa MOLTS anys. Però tenir hàbits saludables tampoc significa ser hipòcrita. Amb els crits passa el mateix, només que encara no he estat capaç de deshabituar-me, entre altres coses perquè he descobert que alguns crits són útils. El descobriment al principi em va causar un gran desconcert. I dubtes, molts dubtes. Una reacció gens sorprenent. L'essència d'una mare terrible és un desconcert permanent i quilos de dubtes. Si mai us sentiu massa segurs del terreny que trepitgeu poseu-vos en guàrdia, l'esperit de la perfecció us estarà sotjant, descarat, cregut i llest.

La solució

Els dubtes i el desconcert aviat es van esvanir. Aquest és el gran avantatge de no ser perfecta. Ser una cagadubtes desacomplexada. Per tant, la meva proposta és deixar-se de punyetes i culpes i no tenir por de focalitzar la força sonora dels crits en el moment adequat i en el to adequat.

CRIT *BRÒQUIL IS OVER*

L'impacte sonor d'un crit en ple caos és conegut pels mestres d'arts marcials. Si no de què els esgarips de Bruce Lee i companyia? A mi, renunciar-hi em costa, perquè, en alguns casos, paralitzo per uns pocs mil·lisegons allò horrible, espantós i indesitjable que no he pogut evitar per la via del diàleg, enunciat, avís i altres mètodes verbals. Ha de ser un crit, però, sorprenent, precís i contundent. En aquest cas és recomanable evitar o camuflar el to imprecatori. L'anomeno la modalitat s'ha acabat el bròquil, i el seu efecte és similar al cop de puny sobre la taula. Ara bé, per utilitzar-la cal tenir bons reflexos perquè no es pot emetre sense tenir un pla B (aprofitar el desconcert per agafar l'interfecte de l'orella i aïllar-lo, amagar el comandament a distància, llançar dalt de l'armari la joguina o objecte de la discòrdia, etc.).

SINTONIES DIVERSES

Els mòbils i les sèries de televisió no tenen l'exclusiva a l'hora de crear i difondre sintonies. Ser la pitjor mare del món em dóna patent de cors creativa en aquest aspecte. Així, si un dia em llevo inspirada, puc refilar el crit de baixa freqüència que només senten els gats, els hàmsters i els menors d'edat que han insistit a confondre el cossi de la roba bruta amb l'armari. O bramar el crit hipohuracanat que anuncia la vinguda de l'apocalipsi si els germans no deposen els enfrontaments armats. També tinc la sintonia «Mira, maca, aquí mano jo», que es resumeix en un crit monosil·làbic: «Ha!». O la sintonia de moda a tantes places del món i casa meva, vull dir el crit indignat que clama que «una altra casa és possible».

EL CRIT DESESPERAT

Però no podem oblidar el crit més genuí i primitiu, aquell que em surt de les entranyes, el que no puc evitar prorrompre quan obro la porta i em trobo allò (a aquest «allò» afegiu-hi el significat que us vingui més de gust perquè, com a escriptora i guionista, puc afirmar amb coneixement de causa que la ficció és una mala còpia del que poden arribar a fer els fills) i que acaba sintetitzat en la paraula «Noooooo!». Esclar que el crit desesperat té una altra versió, el crit súplica, un crit que si no s'escolta, si no té un receptor prou atent, pot conduir a dimissions, fugides, actes irresponsables i altres.

No. No està bé cridar. La majoria de les vegades només fa que augmentar la dosi de confusió i agressivitat. Cridar no mata però extermina vies d'entesa i comunicació, però hi ha vegades que un bon crit és molt millor que una mare fent les maletes plenes de roba d'hivern i roba d'estiu.

5.6. ANÀLISI DE LES PROPOSTES DISCIPLINÀRIES MÉS INTERESSANTS

No puc ser tan egoista. Cal que comparteixi els anys dedicats a posar en pràctica mil i un experiments disciplinaris. La intenció no és altra que demostrar que, per molta voluntat perfeccionista que hi posem, per molt llestes que ens creiem, per molt que pensem que si a la meva cunyada no li ha funcionat i al veí del tercer tampoc és perquè no en tenen ni idea, doncs que no és així.

RACÓ DE PENSAR

Aquella dona anglesa que transformava salvatgines indomables en nens creia fermament en el racó de pensar, un lloc (una cadira, un esglaó, un coixí, un totxo d'obra abandonat) on calia enviar els MEC rebecs i del qual no es podien moure durant un temps. Quan algun dels MEC empastifava la paret de salsa de tomàquet i es negava a netejar-la... al racó de pensar. La senyora anglesa ja avisava que l'estona havia d'ajustar-se a l'edat del MEC. I que si el MEC s'escapava era necessari tornar-lo al lloc tantes vegades com fes falta. Ara bé... de les meves lumbars no en va dir res. I de l'esperit de Steve McQueen a *La gran evasió* d'alguns dels meus MEC tampoc. Allò que havia de ser una mesura disciplinària es convertia en l'objectiu final. El joc al qual desitjaven jugar durant hores i hores. Era esgotador i poc eficaç i, en resum, puc dir que el meu osteòpata està eternament agraït a la senyora anglesa i que jo no tant.

GOMETS

La missis anglesa també va ser la responsable de l'època dels gomets. S'establien i pactaven alguns objectius (utilitzar els coberts per al que serveixen realment i no com a arma llancívola, mantenir enganxat el cul a la cadira mentre toca menjar, anar a dormir a l'hora sense muntar un psicodrama, etc.), i si al final del dia s'havia acomplert alguna de les fites marcades s'enganxava un gomet. Quan s'acumulaven gomets el MEC aconseguia una petita recompensa no material. Al principi va funcionar, fins que vaig detectar en els MEC una derivació cap a un materialisme furibund. Per molt que la recompensa no fos un objecte, aquells elements no movien un dit sense tenir al cap un premi. Esgarrifada, vaig adonar-me que estava adobant una perillosa tendència al carallotisme i em vaig plantar. «Fills meus», els vaig dir, «oi que els vostres progenitors estenen roba el diumenge a la tarda perquè toca i no perquè ningú hagi promès que ens durà al Tibidabo? Doncs això. Au, ara us toca a vosaltres».

TREBALLS SOCIALS / LA DESAPARICIÓ DE LES JOGUINES

Dalt d'un moble del menjador hi ha una caixa de vímet on van a petar tots aquells objectes oblidats pels racons de casa. Joguines, carregadors de mòbil, samarretes, guants de porter, arracades, patinets, pintures d'ungla i altres delícies. Per recuperar les propietats els MEC han de fer una contribució a la societat, més concretament a la llar, i fer alguna mena de treball social extra, dels que no els toquen en el repartiment de tasques domèstiques (en permanent estat d'incompliment). L'enunciat és meravellós, i de vegades funciona i es fan descobriments sorprenents, com un MEC de sis anys que confessa que sí, que sap posar la rentadora i que encerta tots els botons i els programes de rentat. Però també passa que un cop els objectes són dins la caixa és com si no existissin.

El mateix que ens va passar quan en un rampell d'indignació per culpa del desordre i el mal estat en què tenien les joguines, les vam amagar totes. Quan dic «totes» vull dir totes. Les vam tancar en un lloc inaccessible i, amb un somriure burleta als llavis, vam esperar la seva reacció. Al principi van queixar-se de forma sorollosa, i van intentar que els retornéssim els objectes al més aviat possible. Fins que se'n van oblidar. Del tot! Fins al punt que érem nosaltres, els adults, els que ens vèiem obligats a recordar-los l'existència d'un lloc secret on hi havia segrestades totes les seves joguines. Un temps després, mosquejats per la falta de demanda, vam pensar que ja havien après de l'experiència i vam tornar les joguines a lloc. Sí, durant un temps van tenir-les mínimament endreçades, però després el desordre va tornar a campar arreu, però a nosaltres se'ns havien passat les ganes i, el més important, la fe, i no les vam tornar a amagar mai més.

BUIDAR ARMARIS I CALAIXOS

Ho vaig llegir en una revista de moda de senyores *pijes*. Una dona amb aspecte de sòcia del club de polo explicava que havia ensenyat a mantenir l'ordre dels armaris de la roba a les filles amb un mètode extrem: quan estaven desendreçats els buidava tots i deixava la roba sobre el llit perquè la *pija* però soferta filla l'endrecés.

Aquella senyora, que hauria pogut delegar la feina d'endreçar al servei i que va decidir agafar el bou per les banyes, va deixar les filles amb un pam de nas. I ensenyades. Vaig dir-me que faria el mateix i així que en vaig tenir oportunitat ho vaig fer.

L'efecte va ser radical. El crit va travessar el cel de Barcelona i hi ha gent que va confondre l'esgarip amb un tro de tempesta inexistent. Però va funcionar. Animada amb l'experiència vaig repetir-la amb uns calaixos que complien la funció extraoficial d'abocador d'objectes de tot tipus. I també va funcionar! Fins que el fenomen va perdre novetat i els objectes i la roba es quedaven allà a terra, o arraconats i rebregats on fos, i ara la feina era doble: aconseguir que ho tornessin a posar a lloc i que ho fessin mantenint un cert ordre. Estrès al quadrat.

La solució

Arribats a aquest punt crec que només em falta provar el vudú. Per tant, aprofito aquestes pàgines per convocar una cimera mundial de mèdiums, bruixots, parapsicòlegs i curanderos i que entre tots trobin la solució que permeti que els MEC desparin taula sense discutir-se sobre si li toca a un germà o un altre. Una solució que, a la vista dels resultats anteriors, només pot ser màgica.

Envieu les sol·licituds d'inscripcions al congrés a salvaunafamilia@manso.org.

EXERCICI DE REPÀS: LA CAMBRA INSONORITZADA PORTÀTIL

Dissenya una cambra insonoritzada portàtil.

MATERIALS

Cal que permetin que sigui plegable i lleugera. La cambra (plegada) ha de poder ser transportada a la bossa de mà.

COST

Accessible, que la cosa no està per a alegries.

CARACTERÍSTIQUES TÈCNIQUES

Ha de ser una barrera infranquejable al so perquè la persona usuària pugui emetre qualsevol tipus de renec, crit, esgarip, maledicció o inconveniència sense que les persones que estan al seu voltant siguin receptores de les ones sonores.

El desplegatge i el plegatge han de poder fer-se en breus instants.

SUGGERIMENTS

Una inspiració possible seria un casc de moto, o un escafandre d'astronauta, perquè, de fet, només cal que s'aïlli el crani de la persona usuària.

EN AQUESTA LLIÇÓ HEM APRÈS... QUE NO HEM APRÈS RES

Que Plató tenia més raó que un sant quan afirmava: «Només sé que no sé res». Sort, i a qui li funcioni algun sistema o mesura disciplinària (sempre dins dels límits de la declaració dels drets humans, torno a recordar que no tinc pressupost ni un cèntim d'euro per a indemnitzacions) que ho comparteixi o quedi convertit en un rovelló en ple mes d'octubre en un concorregut bosc del Berguedà.

LLIÇÓ 6

SOBREVIURÀS ALS TRES MESOS D'ESTIU AMB ALEGRIA

PROBLEMA: OBLIDAR QUE EL CONCEPTE ESTIU NO TAN SOLS CONTÉ ALEGRIES, SINÓ QUE TAMBÉ AUGMENTA EL RISC DE TENIR CÀRIES

Aquest problema és cosí germà del plantejat al capítol 4, tan sols que a l'engròs. Perquè els tres mesos que tenia de petita ara s'han reduït a un, però els MEC en continuen tenint tres. I perquè malgrat que treballi, pel sol fet de fer-ho durant l'estació d'estiu, crec estar mig de vacances. Error, error, error. És estiu però penco (per sort).

I el fet de pencar, sumat a la calor i a les ganes conscients i subconscients de no voler fotre res que no sigui vacances, fa que estigui en un estat psíquic delicat. Llavors, per fi arriba el moment real de declarar que sí, que estem de vacances (i si tu estàs a l'atur et deu passar igual, perquè arriba un mes que et dónes vacances, perquè ja veus que aquells dies no faràs res de bo), i un univers imaginari es desplega davant dels meus ulls... i em clavo una bona morrada.

Res surt com havia pensat o planificat. El gelat es barreja amb el frenesí de fer i desfer motxilles. I en lloc de prendre la fresca en posició horitzontal acabo comprant el material per al començament de curs, encarregant llibres de text o barallant-me amb MEC que es resisteixen a ser arrebossats amb crema de sol.

De totes maneres, personalment, els patiments de l'estiu em rellisquen força més. No, la suor no hi té res a veure. Sóc una bestiola d'estiu. A l'hivern, si pogués, hivernaria. A la primavera revifo i amb la calor esclato. De vegades, em passo de rosca i aquest esclat es converteix en explosió nuclear. Però vaja, que al final, quan ha passat tot, malgrat tots els malgrats, sempre em dic: «Tant se val... és estiu». I si m'empipo com una mona, és perquè a la calma mediterrània de l'estiu s'hi imposa, ens imposem, ens imposen, una pressa per fer tantes i tantes coses d'allò més molesta.

Per això us convido a sobreviure a l'estiu amb alegria i a deixar-vos estar de projectes megalòmans de canvis i tasques pendents de fer, aprofitant que és estiu. Factureu la perfecta que dueu dins de vacances a Alaska, seieu a la barra de l'orxateria més propera i assaboriu, a poc a poc, els dies de calor.

CASOS PRÀCTICS

6.1. REUNIU-VOS, REUNIU-VOS, QUE EL CURS S'ACABA

L'estiu comença el mes de març i tot i saber-ho cada mes de març m'agafava un atac d'angoixa. La situació sempre era la mateixa: unes mares a la sortida de l'escola m'informaven que només faltaven dues setmanes perquè es tanquessin les inscripcions a les colònies de la Generalitat. I que els casals de l'Ajuntament de Barcelona ja havien repartit número. Que si ja sabia si els nens anirien a les colònies de l'escola, o si havia vist les estades de dansa; si havia rebut la informació dels campus de futbol o si m'havia plantejat aquells d'iniciació a l'hípica. Llavors em tornava blanca, blanca per passar a transparent fins a esdevenir etèria. Amb els mateixos quilos de sempre i la cel·lulitis de sempre, però invisible. Fins que a poc a poc recobrava el color i llavors, amb la guàrdia baixa, m'agafava l'atac d'angoixa. Un atac absurd perquè no hi ha res que es pugui fer per tenir-ho tot lligat a la vida de dos autònoms com som el pare de les criatures i jo. A més, què carai, si no fóssim autònoms tampoc ho tindria tot previst. A casa meva no. A casa fem aproximacions i quan arriba l'hora agafem el que hi ha disponible. Hi ha anys que aquesta aproximació es dóna al mes d'abril i ja lliguem les colònies i els casals i d'altres vegades això passa el 25 de juny.

Altra cosa són les reunions preparatòries de TOT (casals, colònies, campaments...). El millor de les reunions és que aprofito per fer una becaina i no passa res. També em serveixen per distingir qui s'estrena de qui ja porta moltes reunions a la motxilla. Els veterans duem ulleres fosques, o fem veure que apuntem en un paper el que sigui mentre ens tapem els ulls amb la mà fent de visera, simulant concentració, quan en realitat somiem en Clive Owen o juguem amb el mòbil. Els nous miren els monitors amb ulls esbatanats perquè els troben massa joves, massa perillosos, massa tot, i interiorment reneguen i es pregunten per què coi els avis dels MEC no tenen la delicadesa de deixar estar les seves vacances i ocupar-se dels néts.

Són reunions, per tant, feixugues i força pesadetes perquè hi xoquen dos grups humans (sèniors *versus* júniors) amb interessos contraposats. En un acte de generositat que m'honora (no tinc àvia) aquí deixo un seguit de mesures per augmentar l'eficàcia de les trobades.

La solució

El cant gregorià de les preguntes inevitables, comprensibles, esperables dels progenitors novells no és un peatge obligatori. Atenció, això no és un retret al que comença, és un crit d'alerta als convocants de les reunions perquè amb la carta o missatge de convocatòria es respongui a les qüestions següents perquè els que hi assistim per quinzena vegada no morim de fatiga. Entre parèntesis proposo una resposta estàndard perquè les entitats del sector del lleure, si volen, les integrin al seu conveni col·lectiu.

— Quants monitors hi ha per nen? (Els legals perquè si no ens cau un puro.)
— Quants monitors hi ha per nen el dia de piscina? (Els legals perquè si no ens cau un puro.)
— I si no sap nedar què passa? (L'empaqueten amb flotadors o el deixen sense remullar perquè si no ens cau un puro.)
— Hem de posar-los la crema del sol a casa o se la posen ells? (A casa, a casa, a casa, sempre a casa així si es cremen no és responsabilitat nostra i no ens cau un puro.)
— Hi ha baranes a les lliteres de dalt? (NO existeixen les lliteres sense baranes.)
— I si cauen? (Que Newton l'empari. És broma, NO cauen.)
— I si es fan mal? (Procurem que no es facin mal perquè si no... sí, ens cau un puro.)
— I si té por de la foscor? (Que porti l'osset de peluix fluorescent.)
— I si vull allargar una setmana de casal? (T'aplaudirem!)
— I si es posa malalt de colònies? (Te'l cuidarem perquè som bones persones i perquè, si no, ens cau un puro.)
— Els podem trucar a la casa de colònies? (o al monitor de campament?) (Ha, ha, ha!... NO!)

Això pel que fa a les preguntes. D'altra banda, per evitar els atacs de narcolèpsia, jo faria el mateix amb les explicacions següents:

— No poden portar mòbils, ni jocs electrònics ni diners.
— Puntualitat.
— Que portin la crema solar arrebossada, ai, vull dir, posada de casa.
— Que es facin ells mateixos la motxilla per saber què hi duen dins.
— El casal no és com l'escola, vénen a passar-s'ho bé.
— Ja han treballat prou durant tot l'any.
— Fomentarem la convivència i els hàbits.
— Que duguin roba còmoda.
— Que no s'oblidin la gorra, el sol crema.
— Que tot estigui marcat.

— Els monitors són de confiança.
— El menú és variat i adequat a l'estiu.
— Acabarem de confirmar les sortides la primera setmana de casal.
— Que ningú s'oblidi de signar l'autorització si ha de venir una persona diferent a recollir el nen.

I sobre les explicacions i els consells que no es dónen jo incorporaria els següents, que trobo fonamentals:

— Que ningú s'oblidi de recollir el nen.
— Les sandàlies de talons estan prohibides.
— No ens fem responsables de la roba estripada, especialment de les peces de roba de més de seixanta euros.
— Si algú té una criatura amb una habilitat especial per pujar als arbres i no baixar-ne que avisi. El mateix serveix per a les teulades, antenes de telefonia i altres reptes escaladors.
— Si algú s'oblida de recollir el nen se li cobrarà tarifa de pernoctació de l'Hotel Arts.
— No es permet mossegar els monitors. Ni per part dels nens ni per part dels pares.
— El monitor és més jove que tu però no és idiota.
— En cas de monitor idiota es prega dissimular. Especialment en el cas dels agrupaments i esplais, on ben sovint els monitors no cobren res.
— Els monitors d'agrupaments i esplais que no cobren res no fan cangurs gratis als domicilis dels nens.
— Fomentar els hàbits vol dir procurar aconseguir que els nens no mengin espaguetis amb els dits. Es demana col·laboració de les famílies.
— No es permet als pares presentar-se al campament perquè, oh, casualitat, passava per aquí...
— Definitivament no s'instal·laran webcams ni al campament ni al casal.
— Als nens que tornin a casa sense esgarrinxades, morats, estrips, ronya, suor, pintades i tatuatges de calcomania se'ls re-

tornarà un 50% del cost del casal o campament o colònies en concepte d'avorriment.

— I, per favor, insistim, el monitor aquell que s'assembla al Clive Owen NO és el coordinador del casal i NO atendrà cap consulta. El grup de mares de sempre i aquell pare, per favor, que desisteixin.

6.2. LA SETMANA SENSE NENS

Una setmana sense nens és una aspiració digna i honorable. Hi ha qui us dirà que sou unes males progenitores, que per què teniu els MEC si només somieu a treure-us-els de sobre, que el lligam és el lligam... No en feu ni cas. Servidora, tot i viure amb una antiga aspiració a la perfecció, sempre va tenir clar que pares i fills necessitem tenir-nos lluny de tant en tant. Ara bé, aquí us deixo la meva experiència d'una setmana sencera sense nens perquè en prengueu nota i no caigueu en el mateix error. Vosaltres, com jo llavors, us passeu dotze mesos de l'any procurant ser la mare perfecta i quan us trobeu com jo em vaig trobar llavors, sense CAP responsabilitat, podeu col·lapsar.

Davant dels desastres domèstics una de les millors estratègies és la negació i, en conseqüència, em passava el mes de juliol dient coses com: «Està bé viure una setmana de fill únic», «Només que en falti un ja es nota», «Durant les setmanes que els germans no coincideixen semblem la típica família Ingalls, sense crits, baralles, ni tasques d'interposició entre bàndols enfrontats». Així que no vaig dubtar ni un moment a aprofitar una setmana sense nens. Aquella coincidència miraculosa, dues o tres colònies diferents els mateixos dies i que afectin la mateixa família era un fet tan extraordinari com el pas del cometa Halley i hauria estat un pecat no llençar-s'hi. Aviat, però, vaig saber que hi ha camins perillosos i senders poc recomanables que em van dur a viure una crisi personal de dimensions estratosfèriques.

¿Recordeu aquella pel·li, *Quina nit!*, en què el protagonista vivia més experiències en una nit que en tota la seva vida? Imagineu-vos sis nits. I set dies! Doncs això. Vaig viatjar a l'època en què no tenia nens. No, no. Encara millor, vaig poder caminar per aquells dies paradisíacs amb la saviesa de qui sap el valor que tenen cinc minuts de pau tancada al lavabo de casa.

El balanç de la setmana: cine, silenci, sopars, teatre, perruqueria!, més cine, més silenci, dinars, lectura, més sopars, dormir, fer esport, més lectura, manicura!, encara més silenci, cava, vi, platja, terrassa... I una certesa: no ho hauria d'haver fet. Vaig tastar el nèctar prohibit i la Veritat se'm va presentar clara, diàfana, meridiana, enlluernadora. Vaig viure posant una rentadora a la setmana, em vaig llevar sentint... res! Vaig dormir com un soc i de sobte em vaig trobar asseguda al sofà al costat del pare de les criatures, tots dos amb les maletes fetes, dubtant què fer.

Ens havien parlat d'una gent que fan passaports falsos per un preu mòdic. Només caldria pagar i tocar el dos a un país conflictiu qualsevol, on la nostra antiga identitat es fondria com un glaçó a les tres del migdia a la plana de Lleida. O, per contra, podíem sucumbir a aquell sentiment trampós i enganyafleumes que fa que tot trontolli, l'enyor. Vam tirar una moneda a l'aire. Si sortia cara, em camuflaria sota la personalitat d'una tal Liudmila Cartanyà. Si sortia creu, em quedaria al mateix lloc. Vaig llançar la moneda i la resta és fàcilment deduïble.

La solució

No us espanteu. La solució no és mantenir la família unida els tres-cents seixanta-cinc dies de l'any. L'opció més saludable i imperfecta passa per gaudir d'aquella setmana. Però, també, per implementar algunes mesures per tal de no experimentar un xoc tan gran. Algunes propostes són, per exemple, repartir fotografies dels nens per tota la casa, dins la nevera, a la dutxa, arreu. Fotos, això sí, en què estiguin enganyadorament dolços i manyacs. I cada vegada que torneu de marxa obligueu-vos a peregrinar per les fotos de tota la casa i enyoreu-los ben enyorats. Cada vegada que sortiu de veure dues pel·lícules seguides enceneu el reproductor de MP3, on els heu fet gravar missatges alegres i tendres. Feu que us escriguin cartes plenes de mentides prometent que mai més tornaran a llepar el mirall del lavabo, ni a deixar amagades les tovalloles humides dins del seu llit. Llegiu les cartes després de prendre el sol sense pressa a la terrassa. I quan us lleveu sense estrès i esmorzeu en el silenci més absolut pensant en tot el que fareu avui, compteu els dies que falten perquè tornin. I potser un dia la tècnica es popularitzarà i s'abaratirà i serà possible comprar un holograma per cada nen i tenir-lo instal·lat per casa mentre ells no hi siguin.

Quan assoliu un grau d'imperfecció elevat tot això ja no caldrà. Llavors podreu llançar-vos amb alegria a viure una setmana sense nens i esperar-los amb els braços oberts perquè haureu descobert EL SECRET: que les setmanes sense nens tenen gràcia precisament perquè un dia s'acaben i ells tornen.

6.3. FÀCIL

Triar on anar de vacances amb nens pot ser tan complicat que no sé per què ho classifiquem dins l'apartat d'oci quan hauria d'estar dins del de trampes mortals. Penso en quan en parlem així, amb alegria, prenent unes copes amb els amics, «I què fareu aquest estiu?», sense adonar-nos que ens endinsem en un jardí de plantes carnívores.

Per començar hi ha tots els llocs on NO volem anar. El déu de les famílies pijiprogres ens protegeix de triar llocs vulgars i adotzenats. No se'ns acut escollir ni hotels de menús colesteròlics, ni, ai las!, apartaments en costes supersaturades. Tampoc, esclar, l'horterada dels aparthotels decorats amb la família Picapedra i ni parlar-ne dels parcs temàtics de l'Europa del Sud (els del nord, mira, sembla que colen més). Ser una família pijiprogre comporta els seus sacrificis i acabem anant a petar a una casa o apartament on el pare de les criatures i jo mateixa cuinem i fem tot el que es fa a les cases cada dia. I aquí ve la primera discussió. Estem fent l'idiota? Val la pena aquest fugir de la massa? No és més còmode ser algú a qui no li importa menjar mentre escolta i veu com els seus fills ballen «Ai, se eu tu pego»? O el refotut «Gang Style»?

Una altra discussió possible és amb qui NO volem anar. O qui no vol anar amb nosaltres. No som una família d'amables jubilats suïssos que llegeixen i somriuen. La nostra descripció seria un encreuament entre un campament de població nòmada sorollosa i un ramat de cabres. Entenc que hi hagi persones a qui no els vingui de gust la nostra convivència durant uns quants dies. I també cal afegir que a casa tampoc ens ve de gust violentar la pau espiritual de, per exemple, un endreçat i polit menjador d'una casa rural amb encant. Necessitem llocs on estiguem sols, o quedem prou dissimulats. No és senzill, no és senzill.

Per culpa de l'estrès i el neguit que comporta l'atzucac de triar vacances és fàcil patir regressions perfeccionistes com la d'aquell dia que em vaig despertar amb el front atorrentat de suor i amb unes terribles certeses: «Els menors d'edat que tinc a càrrec no saben prou anglès, no han trepitjat l'estranger, no han visitat ni un sol dels museus, obres d'art i meravelles universals, ni tampoc han explorat la natura salvatge! La meva família va de cap a la barbàrie!», em vaig dir mentre despertava l'adormit pare de les criatures i discutia amb ell un destí que compensés totes les mancances. Volíem que els menors d'edat poguessin explicar que s'han esllomat dormint al terra d'un càmping hongarès. Que s'intercanviessin correus electrònics amb nens neozelandesos, ni que sigui per passar-se enllaços de jocs horribles d'ordinador. Que mengessin aliments indeterminats i exòtics a l'Àfrica... El deliri semblava que no tenia aturador fins que, rendits, ens vam adormir.

La solució

L'endemà els titulars de la ràdio ens van retornar a la realitat: l'economia, la maleïda economia. Després vaig observar com els menors d'edat que tinc a càrrec es discutien feréstecs per un miserable tatuatge adhesiu i ho vaig tenir clar. Durant tot l'any anem de cul. La vida és complicada i, per tant, les vacances han de ser FÀCILS. Havia trobat la paraula talismà. Un destí fàcil, amb coses per fer fàcils, que demanés una preparació fàcil.

I vam acabar davant d'una piscina envoltada de famílies com la nostra. Sí, amb un apartament pijiprogre i preciós on vaig haver de cuinar, però on vaig torrar-me mentre llegia o feia veure que vigilava nens i tot sense complicar-me la vida. Fàcil, fàcil, fàcil.

6.4. M'AVORREIXO

L'opinió pública, la Unesco i el gremi de peixateres afirmen que és bo que ens avorrim. Adults i menors d'edat. No hi ha espurna creativa ni geni per desvetllar sense la frase «Ja he construït un MacAuto amb escuradents; i ara, què?». Però el que aquesta rastellera de gent oblida és que no hi ha nen/a avorrit/da sense una mare/mare apunyalada a crits de: «M'avorreixo!».

La mare, si és un espècimen que prepara l'examen a progenitora perfecta, es lamentarà per haver-ho fet tan malament. Repassarà totes les variables: ha enviat la família a centenars de quilòmetres, els ha instal·lat en un entorn idíl·lic i al cap de tres dies algú llança el mal d'ull: «M'avorreeeeixoooo!». El primer que ha de fer desconfiar la progenitora perfecta és que, mira quina casualitat, mai no s'avorreixen ni a la platja ni a la piscina, sinó en qualsevol activitat que no sigui en remull. Els nens són la constatació que el nostre origen és un protozou aquàtic. Per l'aquàtic i per les poques ganes de pensar fora de l'aigua. Perquè de capacitat en tenen molta, massa! El crit avorrit és una estratègia per aconseguir el que volen: més platja i més piscina.

La situació demana calma i taps a les orelles. Els millors són els de cera, els de color rosa de tota la vida. Van bé per segellar les orelles d'aigua i estupideses. Als nanos els resultarà difícil descobrir el secret de la vostra impermeabilitat espiritual. Però entaforeu-vos-els bé, que no us passi com a mi. Quan vaig comunicar que la cosa era rotatòria i que un dia es faria el que agradés als adults, l'altre a la gran, l'altre al mitjà i l'altre al petit, no vaig sentir cap de les seves queixes. I tampoc no vaig captar els laments que proferien tots tres quan els vaig comunicar els plans que havia fet per als primers dies: una exposició fotogràfica (udol: «Noooo!»), un taller de fer pa (esgarip: «Quèèè?!!!»), una excursió de nit (bram: «Jo em quedoooo!!!») o una visita al parc infantil de gronxadors (xiscle: «Quin ridíííicul!!!»).

Però la mala fortuna va voler que un dels taps caigués a terra. El paisatge sonor em va destarotar:

—Mama, jo passo de pa. Ja ho vaig fer a l'escola i és una porqueria.
—Jo passo de caminar de nit. Odio caminar. I odio la nit.
—Mama, què vol dir «exposició»? Jo vull anar a la platja.
—Ens denunciaran. No podem entrar al parc infantil, som massa grans. No has llegit el cartell?
—Se'm va quedar enganxat un tros de massa als cabells i me'ls vas haver de tallar. No te'n recordes, mama?

Catatònica, vaig quedar. Però només per poca estona.

Els vaig fer cas. No vam fer res. Res! Vaig desconnectar l'antena de la televisió i vaig amagar els estris electrònics, punxeguts o tallants. El pare de les criatures i jo ens vam refugiar al pati colgats de dues hamaques, de nou impermeabilitzats amb taps a les orelles. Vam observar el vol dels mosquits, el pas dels núvols de contaminació i la desfilada de nens avorrits, indignats, desesperats i, finalment, emancipats. No sé què van fer. Sospito que es van estar més estona refent la casa que desfent-la, però em vaig poder acabar aquell llibre que feia dies que arrossegava. Només hi ha una qüestió que encara ara m'inquieta: què hi feia aquell cap de cavall al nostre llit?

La solució

Compreu tres tones de taps per a les orelles i entaforeu-vos-els amb una mica de massa enganxosa de color blau, de la que es fa servir per enganxar papers i fotos a la paret. Si no és suficient rapinyeu els cascos d'escoltar música dels vostres MEC per reforçar l'aïllament.

I insistiu en la doble tècnica de fer el que s'ha de fer combinat amb la tècnica del no fer res. Insistiu molt fins que els vostres MEC hagin entès que hi ha vida fora de l'aigua i, per si de cas, no els deixeu veure la pel·lícula *El padrí.*

6.5. DEURES D'ESTIU

Al juliol el curs escolar s'ha acabat. Sempre hi ha alguna família despistada que encara no se n'ha adonat i encara deixa el nen a la porta i, displicent, entra i es passa el dia assegut a la porteria. Però s'ha acabat, i si tot va bé, als nens displicents o no de casa meva els toca fer una mica de deures. Perquè jo, senyores i senyors, preparin-se per estirar-se les cues, les rastes, les extensions, els blens o els quatre pèls que els queden, jo sóc partidària dels deures d'estiu. Ja està, ja ho he dit. No ha estat fàcil arribar a aquesta conclusió. Quan volia fer-ho tot tan bé vaig sucumbir al cant de les sirenes de l'educació àcrata.

Aquells setembres en què la neurona va haver de ser reconnectada després d'oblidar els conceptes cadira, llapis i suma, van ser, per dir-ho d'una manera poètica, llargs, feixucs, durs i èpics. I si em deixo estar d'històries i parlo clar confessaré que van resultar de frenopàtic. Els menors d'edat patien una mena de curtcircuit cerebral, com si algú provés de veure un vídeo beta amb unes ulleres de realitat augmentada. En conseqüència, i com una Escarlata O'Hara qualsevol, em vaig jurar que MAI MÉS deixaria els meus fills sense deures d'estiu.

No és fàcil, i de vegades l'univers sembla confabular-se perquè aquells vint minuts de pega no arribin a materialitzar-se. El sabotatge pot venir disfressat de mil i una maneres: visites sorpresa, nens convidats a casa, festes i actes socials diversos, nens que són convidats fora de casa, excursions que s'allarguen, sopars improvisats amb amics... i la temible frase «Per un dia no passa res». Resistiu, no cediu. Penseu que durant vuitanta-un dies o, el que és el mateix, durant 2,7 mesos, o el que sí que és el mateix segur, durant una eternitat, els menors d'edat que tinc a càrrec desconnectaran la neurona dels hàbits escolars si algú no ho impedeix. I recordeu els funestos setembres d'amarg record en què els Orzoweis i Tarzans mig salvatges es miraven la taula, el full, el boli i les sabates amb horror i us preguntaven: «Mama, i això què és?».

Però que ningú s'equivoqui. Queden descartades les opcions radicals de fer onze quadernets d'estiu amb el reforç d'uns casals per a petits i mitjans aspirants a Einstein. Entre poc i massa, aquell extremisme de la perfecció hippy i carca, sempre hi queda la vida terrenal de la imperfecció.

La solució

L'homeopatia, les vacunes i altres arts farmacèutiques i mèdiques basen la seva eficàcia curativa en la inoculació d'una dosi mínima de verí. Els deures d'estiu funcionen igual. «Fills meus», els dic, «teniu vint-i-tres hores i dos quarts per fer el que us doni la gana cada dia, i només us demano trenta minuts d'enganxar el cul a la cadira». Trenta minuts que en el cas del petit són menys. Així i tot, rebo protestes violentes i no violentes, amenaces de denúncia al Tribunal de l'Haia i vagues de braços caiguts. Tant se val, en sóc immune. I com ja deveu saber pel punt 6.4 d'aquest manual, a la maleta no hi oblido mai de posar uns bonics taps de cera.

Procuro no transfigurar-me en una odiosa senyoreta Rottenmeier, però de vegades acabo convertida en Hulk. Què hi farem. Pot passar que m'etzibin frases com ara «Tu no fas deures d'estiu», «La vida és injusta», «Així l'estiu és una merda» o altres perles extremistes. Llavors els recordo que els seus calçotets i calces, a l'agost, no activen un xip d'autorentat i que el dinar tampoc apareix per art de màgia a taula. Que el pare de les criatures i jo mateixa SÍ que fem deures d'estiu, que la vida no és ni justa ni injusta i que si l'estiu és una porqueria no cal patir perquè aviat serà setembre. Un detall, aquest darrer, que els fa enfrontar-se als exercicis d'activació neuronal sense protestes i amb un silenci terapèutic.

6.6. REFUNDANT LA CIVILITZACIÓ

El cervell és l'òrgan del cos amb més mala llet. Ens enganya un dia sí l'altre també, com aquell nòvio idiota de quan teníem quinze anys, que jurava que mai més ens tornaria a fotre les banyes... un dia sí l'altre també. La diferència és que el nòvio idiota ens el vam treure de sobre i ara riem de gust quan topem amb ell pel carrer, gras, calb i usuari assidu dels pitjors clubs de *singles*. El cervell, en canvi, el duem enganxat com un xiclet a la sola de la sabata. La ciència avança que espanta en àrees imprescindibles com els implants de silicona als llavis. Els implants de cervell, en canvi, han quedat injustament arraconats de la investigació mèdica.

I per què us clavo aquesta pallissa? Doncs perquè sé que la frase preferida d'una mare que vol ser perfecta és: «Ara que és estiu i tenim temps, ho farem bé». Jo, companyes, també vaig caure en aquest desig que de tan ingenu fa pena, i de tanta pena fa ràbia. Perquè aquest «ho farem bé» inclou un munt de fites impossibles. Aquí en van uns quants exemples tan idiotes que em vaig proposar: ara que tenim temps (a partir d'aquí AQTT) menjaran amanida a dojo, AQTT ens posarem de ferm amb l'ortografia i farem dictats a dojo, AQTT establirem càrrecs i treballaran a dojo... i altres coses a dojo com endreçar els calaixos i fer tria de joguines, espavilar-se i preparar-se ells sols l'esmorzar, llegir una estona abans de dormir, aprendre a dibuixar cal·ligrafia japonesa, meditar, fer ioga i altres utopies dignes del segle XIX.

No cal ser cap doctor House per deduir que l'única amanida que van menjar va ser la de patata i frankfurt (el repunyeter polo verd de gel i colorant no compta com a verdura, per molt que hi insisteixin). L'únic dictat que van accedir a fer és el poc que els van encomanar a l'escola i la llista de jocs de qualsevol màquina infernal. L'única neteja que es va fer a casa és la dels caps curulls de polls que van okupar els petits cranis a les colònies i casals. Les poques tasques que es van repartir van ser la de decidir qui es llevava més tard i la de qui s'adormia a tocar de les dotze. L'esmorzar, després de tres dies fent experiments estrambòtics, esferificacions amb sabó i llet, i desconstruccions d'entrepans, va retornar a la responsabilitat dels pares. Pel que fa a la lectura, es van dedicar intensament a estudiar les descripcions i els preus del catàleg de jocs per a l'ordinador. I la cal·ligrafia japonesa em va sortir a mi sense proposar-m'ho de tan alterada que estava quan em tocava escriure tot el que faltava a la nevera, buida després dels intents d'emular el Ferran Adrià.

La solució

En primer lloc un detall secundari. Vull aprofitar per demanar als grans guionistes del *Polònia* que incorporin una imitació de l'Ada Parellada, una cuinera sàvia i excel·lent que oferiria un model allunyat del perill d'intoxicacions alimentàries. Gràcies.

I en segon lloc és imprescindible admetre que el cervell ens ha jugat una mala passada. A hores d'ara ja deveu haver descobert o recordat gràcies a un exèrcit de persones (àvies, avis, cunyats rancuniosos, veïns sense nens, pares amb fills de més de vint anys...)

que existeix una sentència imbatible: «No l'atabalis, total, és estiu!». Una sentència que, què voleu que us digui, està carregada de raó. L'estiu és caos, antirutina, improvisació i *dolce far niente*.

Però per a aquelles situacions en què sí que és imprescindible que algun element recondueixi conductes, estudis, hàbits i tota aquella gentada insisteixi a pronunciar la frase, ara sí, sabotejadora, només cal que recordeu que un dia vosaltres sereu una mare amb fills de més de vint anys i que llavors podreu servir-vos una venjança dolça i freda, ben freda.

EXERCICI DE REPÀS: QUADERN D'ESTIU

— Escriu una redacció que porti per títol: «Els vaig enyorar molt i, alhora, gens ni mica, i em vaig sentir fatal i, alhora, gens ni mica».
— Quines d'aquestes paraules no tenen res a veure amb l'estiu?: escalivar, Clive Owen, estrès, ornitorinc, *El padrí*, taps de cera, otitis, laringitis, amigdalitis, gastroenteritis, ieti, esferificacions.

EN AQUESTA LLIÇÓ HEM APRÈS... I MIRA QUE BÉ

Que l'estiu és estiu. I que l'estiu ja no és aquell estiu. Chanquete va morir, i els nostres estius també. Però mira, no passa res. A mi tampoc em van enviar mai de campaments ni colònies, i la meva mare no va poder assaborir aquesta experiència sideral d'enyorar-se i no enyorar-se. I tampoc voltava tant. Admetem-ho, aquells estius eterns ens van fer a tots plegats força més tontos que aquests nens hiperconnectats al món i a mil activitats. Esclar, també, alhora, vam esdevenir més espavilats i més independents. Tant se val, tampoc hi ha opció. O treballem o no treballem. I això últim va a l'alça i tinc la sensació que, tal com va el mercat de treball, els nostres estius, aquells amb una mare (i ara també s'hi afegeix la possibilitat d'un pare) dedicada en exclusiva als fills i sense casals a la vista, aviat tornarà a posar-se de moda.

LLIÇÓ 7

ESBORRARÀS LA PARAULA *CULPA* DEL TEU CERVELL

PROBLEMA: EL SENTIMENT DE CULPA ÉS EL RESPONSABLE DIRECTE DEL 58,13 % DE REFREDATS

Atenció! Llums! Alarmes! Focus a tot drap! Botzines! Que soni tot! Hem arribat a un dels capítols més importants. Unes pàgines que m'atreveixo a catalogar de fundacionals. Si superes aquesta part de l'assignatura tindràs la meitat de la nota necessària per aprovar. Au, ja he avisat.

En una recent reunió amb eminents psicòlegs (en realitat un dinar amb una colla de pares amics, alguns d'ells de professió psicòleg) van insistir en la necessitat d'eliminar la culpa de tot procés curatiu. Sense aquesta condició, remarcaven, no pot fer-se res, o el que es pot fer és massa poc. Ells parlaven dels seus pacients i jo pensava en mi, en vosaltres, en com n'és de fàcil caure en la trampa i respondre de forma mecànica quan et pregunten pel tema, que la maternitat és un dels capítols més fantàstics de la meva vida, que els fills són fantàstics, que tot és fantàstic, bla, bla, bla... Així es parla quan es du posada la màscara de somriure garratibat que no sé com va a petar a les cares de les dones que parim. I dels homes que comparteixen la criança dels MEC. Una màscara que no t'adones que la portes fins que comences a tenir cruiximents a les mandíbules de tant somriure quan en realitat no en tens ganes. La màscara, per sort, ens la podem treure per parlar de coses interessants com, per exemple, algunes de les que us proposo a continuació.

Nota: atesa la importància de les pàgines següents està permès prendre apunts.

CASOS PRÀCTICS

7.1. TEMPS LLIURE

He tingut fills perquè he volgut. Ningú m'ha posat la pistola al pit i m'ha ordenat: «Tu, vinga, procrea!». No puc ni argumentar que havia begut massa perquè cada embaràs ha estat pensat i repensat fins al punt que cada vegada ho ha estat més. En el primer hi havia un gran desig i una gran bogeria per llançar-se de cap a una piscina a la qual m'era impossible endinsar-me sense un cert atac d'irracionalitat. Però també una consciència inconscient d'on volia anar a parar. El segon va ser més cerebral. Hi havia càlculs, conveniències i, també, un important «Què carai» que va fer que em tornés a embolicar quan ja estava més que embolicada. I el tercer va ser el més meditat. Significava un canvi de manera de viure, un alentiment de tot allò que començava a anar ràpid i la certesa que casa nostra es convertiria per sempre en una llar més mediterrània que sueca pel que fa al nivell de decibels.

I malgrat tot el que acabo d'explicar un dia vaig patir un atac de sinceritat amb mi mateixa i vaig admetre amb dolor i desconcert, per, posteriorment, fer-ho amb alegria, que malgrat que siguin el millor que hagi fet mai, malgrat que em llançaria cataractes d'Iguaçú avall per salvar-los, malgrat que estaria disposada a passar tots els martiris dels sants catalans, malgrat tots els malgrats... NECESSITAVA TEMPS LLIURE, ARA! I que la idealització d'aquella dona infatigable que aparcava la seva vida per la dels seus fills se la podia confitar qui volgués, que jo no tenia ganes d'empassar-me-la. Que volia, desitjava, estava disposada a aconseguir temps lliure ni que fos en petites càpsules que anessin directes a la vena.

Aquesta és una incoherència incomprensible per a tots aquells que... (aviso que ara em posaré repel·lent perquè em disposo a començar una frase amb aquelles paraules odioses:) no tenen fills. Perquè es pot estar més convençut i satisfet de tenir fills que l'Angelina Jolie i el Brad Pitt i alhora desitjar tenir temps lliure que no inclogui les paraules «Mama, on tinc l'equip de gimnàstica?». I segueixo amb la vena repel·lent per afirmar que la gent que no té fills no sap que disposa d'un bé més preuat que una feina on et tractin dignament, mentre que quan tens fills et converteixes en una virtuosa o un virtuós de l'aprofitament del temps per osmosi. Per tant, companyes d'imperfecció, aquí van unes quantes idees de com rapinyar temps lliure per a vosaltres de sota les pedres. Sort!

La solució

— Estén la roba a ritme extremament lent mentre escoltes el programa de ràdio favorit que t'has descarregat a l'MP3. O música. O un audiollibre. O el curs de japonès per fascicles. L'MP3 és el teu aliat. Recorda de no netejar-lo a la rentadora i MAI, MAI, el prestis al teu fill adolescent.

— Tria un pediatre, homeòpata, etc., que tingui jocs i llibres a la sala d'espera i vés a TOTES les visites mèdiques. Un hivern especialment dur de refredats i virus pot ajudar a fer que t'acabis *La muntanya màgica*.

— Escaneja totes les botigues del barri i NOMÉS compra roba per als MEC en aquelles botigues que tinguin una botiga de roba per a tu a trenta metres. Dius que vas a comprar roba per als nens, ho fas, i, oh, és que passava pel davant i he entrat un momentet... sí, a la teva.

— Ofereix-te per acompanyar el teu fill o filla a entrenaments, assaigs i extraescolars diversos, com més lluny de casa millor. No val la pena anar, deixar-lo, tornar i per poca estona refer el camí per anar a buscar-lo. No. El millor és quedar-te i aprofitar aquells cinquanta (cinquanta!) minuts per al que tu vulguis, un infinit de possibilitats s'obren davant teu. Per exemple, segur que hi ha una acadèmia de karate allà a la vora. Ha arribat l'hora de convertir l'Uma Thurman a *Kill Bill* en una aficionada. Ah, i no cedeixis mai el torn a la teva parella o descobrirà uns beneficis que fan de mal compartir.

— Imposa un horari d'anar al llit que et permeti ser persona adulta a partir de quarts de nou, les nou o quarts de deu segons les edats. Dius que ho fas per ells, perquè necessiten descansar, i per casualitat resulta que no dius cap mentida, però sobretot ho fas per tu, per tenir dues hores, tres potser, o quatre si t'entrenes a dormir poc com aquell amic teu, el Jaume, que és mig biònic i ha aconseguit funcionar perfectament amb només sis hores de son. Podràs veure aquella sèrie de trenta episodis que et van regalar en devedés, o escriure una novel·la o fer el que es fa més sovint a aquelles hores.

— Manipula, menteix i fes tot el que estigui al teu abast per aconseguir que als teus fills els agradin els llibres. En lloc de sabotejadors tindràs uns perfectes aliats a l'hora d'entrar a una llibreria o una biblioteca. El mateix serveix per al macramé, les escultures amb escuradents, el criquet, la biodansa o el que sigui. Que això és teledirigir? Exacte.

— Sacrifica't i cuina TOTS els àpats. A canvi imposa una petita condició, que ningú entri a la cuina mentre prepares els aliments. Si cal instal·la un baldó. I un cop t'hagis fet l'amo i senyora del territori aprofita l'espai per amagar aparells de tota mena: un ordinador petit, un mòbil, un *step*, estris de tatuatge, una diana electrònica, un puzle de deu mil peces... Ah, i no t'oblidis de comprar menjar preparat i d'amagar-lo al fons del congelador.

Aquests en són alguns exemples, però us demano que feu les vostres aportacions a lapitjormaredelmon@manso.org El pitjor club de pares i mares de Catalunya us ho agrairà.

7.2. EL GOS O JO

A casa fa temps que els meus fills em demanen un gos. Dic «em» perquè en aquest cas el pare de les criatures juga a dues bandes i els menors que tinc a càrrec saben que l'ogre sóc jo. La meva postura és clara i no ha patit ni un gram de sentiment de culpa: o el gos o jo. Aquí mai, mai de mais i remais, he cedit ni un mil·límetre i sempre he tingut la certesa i l'alegria de saber que sóc una mare espantosa que no vol tenir gossos. El millor de tot és que m'han pres seriosament. El pitjor és que, periòdicament, m'anuncien que vagi buscant pis perquè ja tenen el pare convençut o perquè algú amb ganes de fotre'm enlaire la vida s'ha fet el simpàtic i els ha promès un cadell.

La culpa primigènia de la meva poca afició als gossos té nom i mal nom: Keops, el fastigós. El gos, propietat d'uns veïns d'urbanització, em tenia terroritzada amb mil bufonades de gos llardós. Ara els gossos ja no em fan por, però la historieta del Keops em va de nassos per explicar que els gossos i jo no tenim connexió còsmica. I el bandarrisme d'alguns (molts) propietaris de gossos que no netegen ni recullen el que han de netejar i recollir de la vorera tampoc no contribueix a la causa animalista dels fills.

He escoltat massa vegades les bondats de tenir gos: la responsabilitat, l'afecte, el vincle, bla, bla, bla... En el meu cas particular són insuficients. La responsabilitat ja la vam entrenar amb el Saviola, un peix indestructible que va demostrar una resiliència espectacular a l'aigua bruta. L'afecte, amb la Hassel, una gata estúpida i rampelluda que vam haver de suportar massa anys. I el vincle... no ho sé... el vincle que l'estrenyin entre els germans, que prou feina tenen. Els contres són infinits: haver de recollir i netejar deposicions i miccions, escombrar pèls, l'olor de gos mullat, la infraestructura de dur-lo amunt i avall, passejar-lo dos cops al dia... Com si a casa no hi hagués prou coses per recollir, netejar, escombrar, olorar, passejar i pasturar!

La meva postura granítica i ferma ha rebut dues coltellades a traïció. La primera la vaig rebre dels amics Camps Shelly, pares de família nombrosa com jo, que van tenir l'ocurrència de tenir gos a ciutat. La frase «Amb tres nens no es pot tenir gos» va deixar de ser creïble. Caguntot! No podrien haver amagat el gos a l'armari cada vegada que anàvem a visitar-los? O mentir afirmant que el gos era d'una tieta? No, havien de dir la veritat i deixar-me en evidència. Però sóc bona i els he perdonat, perquè la nostra amistat és i serà a prova de bombes.

La segona clatellada va venir d'una botiga de gossos a la qual no em dóna la gana de fer publicitat. Són especialistes a detectar pares masculins amb nens, engalipar-los i permetre'ls que juguin dins d'una petita habitació amb un cadell, com van fer amb els de casa aquell dia funest que no vaig acompanyar-los i van tornar emocionats dient: «Era preciós, mama, l'hauries de veure, així, petit, pelut, juganer... El papa s'ho ha passat tan bé que diu que si tu...». La meva mirada de Margaret Thatcher va tallar qualsevol il·lusió i la casa es va convertir en un concert de plors i retrets contra la pitjor mare del món.

La solució

Per sort, tota pitjor mare sempre té un bon suborn a mà per afrontar aquestes situacions. Aquell dia van ser uns magnífics macarrons gratinats que van evitar que la cosa anés a més. Un altre dia poden ser uns gelats amb trossets de sucre de coloraines. I l'altre, mira tu, que s'hi conformin que la crisi no permet un alt índex de suborn.

Un altre mecanisme dissuasiu és el de comptar femtes de gos oblidades al carrer i fer-ne comentaris de text. O jugar a endevinar la raça segons la mida, forma i consistència del cagarro. Una altra proposta dinàmica és intentar encetar quants pipís hi ha aquell dia al nostre carrer. O cada vegada que fem algun petit o gran desplaçament dir: mira, no ho hauríem pogut fer amb el quisso dels pebrots.

També hi ha la veritat mentidera: «Fills meus, si algun dia vivim a poble i tenim casa gran llavors tindrem gos». Qui coneix el meu radicalisme urbanita sap fins a quin punt no hi ha perill que la frase es compleixi.

I, per acabar, hi ha l'estratègia de la delegació: «Fills meus, aquí, a casa, és tan, tan complicat... però els vostres avis, ostres, ells sí que podrien tenir gos. I ara que viuen tan a la vora us podríeu oferir per passejar-lo. Els aniria tan bé, els obligaria a sortir, els faria companyia... Va, nens, truqueu-los i expliqueu-los que sense gos a casa seva la vostra vida de néts no té sentit».

De totes maneres, per si de cas, ja tinc un piset mirat, petit, bufó i, esclar, en una escala en què els gossos estan prohibits. Però, sisplau, guardeu-me el secret.

7.3. LECTURA

Hi ha un assumpte que m'ha robat moltes hores de son i m'ha regalat quilos de culpabilitat: la lectura. Perquè a casa, sí, la lectura costa. Servidora llegeix a tota hora i els MEC no. Au, ja ho he dit.

Fa anys vaig entrevistar la Maruja Torres, far d'ironia i mordacitat, perquè parlés sobre les lectures que l'havien marcat. Jo estava embarassada i la Maruja va sospirar i em va oferir un consell: «No facis com els meus amics hippies que han omplert la casa de llibres i cap dels seus fills llegeix. Tu agafa tots els llibres, tanca'ls dins un armari i llença'n la clau». Ai, Maruja, per què no vaig seguir els teus consells? Per què em vaig creure més llesta que tu? Supèrbia, ho confesso. I uns dots innegables per negar-me a veure la realitat, sempre més imperfecta que perfecta.

Un bon dia, tralarà, vaig rebre el manual per esdevenir una família lectora. Vaig obrir-lo delerosa per descobrir en què estava fallant.

Vaig llegir els consells amb avidesa per si me n'havia deixat algun de posar en pràctica i per això mateix, just per aquell consell en què no havia pensat, a casa l'amor pels llibres no ocupava el primer lloc de tots. I no. Evidentment no vaig trobar ni un suggeriment que jo no hagués provat. Ni un. Perquè el que els manuals no et diuen és que un lector no és el resultat d'aplicar tècniques i que hi ha una part de misteri. O que hi ha lectors que no ho són fins als setze anys. O que és important observar si els nens segueixen volent que se'ls llegeixi en veu alta, com passa a casa, perquè llavors no tot està perdut.

I no sóc l'única. Bibliotecaris, mestres, escriptors... molts em confessen en veu baixa la realitat vergonyosa: els seus fills i la lectura no ballen el mateix ball. No tots, esclar. N'hi ha que t'expliquen que els seus fills ja han analitzat sintàcticament tota la col·lecció Bernat Metge, i et miren refistolats, encantats d'haver-se conegut. I que quan els expliques que a casa hi ha de tot i que, en general, la cosa va a ritme de lenta dels anys vuitanta, en lloc de l'acceleració del Sónar, t'ofereixen consells que fan badallar de paternalisme. Però amb d'altres et mires, comprens el seu «patiment» i t'abraces exultant de solidaritat de mare lectora de fills àcrates a qui no els dóna la gana de llegir.

Doncs ja n'hi ha prou de culpa. Sortiu de l'armari i crideu al món que heu fet tot el que heu pogut i que ells s'ho perden. Que tenir fills no lectors no és cap vergonya. O, com em va dir una gran i certificada lectora, potser seran més feliços que nosaltres, lectors empedreïts de literatura, sempre submergits entre llibres que ens provoquen preguntes existencials i més incerteses que seguretats.

La solució

El primer que vull fer és reparar una injustícia. Sempre hi ha algú disposat a pronunciar la frase assassina «La teva mare és escriptora? Ui, a tu et deuen agradar MOLT els llibres, no?». Els MEC, llavors, acostumen a dedicar-me una mirada de desesperació, tot i que es contenen per no fotre un esgarip monumental que deixi sord l'autor de la frase, proclamant que n'estan fins als pebrots que tothom els digui el mateix. I que el seu amic té una mare farmacèutica i no berena pas paté d'aspirines, igual que ells tampoc somien en format de lletra impresa. No m'ho han demanat, però ha arribat el dia en què jo ho expliqui i els alliberi del jou i el determinisme d'una mare plom i escriptora: fills meus, feu el que us vingui de gust, que ja veig que deixant llibres al costat de la tassa del vàter, com si res, la cosa no acaba de funcionar. Vosaltres potser no sou escriptores, editores, correctores, llibreteres o bibliotecàries, però l'exculpació també us ha de servir. Modifiqueu les paraules que calgui i allibereu els vostres fills d'una vegada.

La segona proposta és lligar-se les mans i grapar-se la boca. El darrer Sant Jordi ho vaig provar i va funcionar. Vaig fer grans esforços per no parlar de llibres i per primera vegada a la vida em van preguntar, intrigats, si els compraria un llibre. Els vaig respondre de forma evasiva «mmmsssí» i els van rebre a darrera hora, com qui no vol la cosa, i perquè van ser ells qui els van reclamar, mig mosques. Tots tres van començar les lectures. Alguns les van acabar i d'altres no, però continuo amb la boca grapada perquè, sens dubte, ha estat l'estratègia més convincent.

Tot i això he maquinat una nova tècnica, inspirada en la que em va suggerir la Maruja Torres. L'he batejat amb el nom de «La caixa forta» i el primer pas per executar-la és enviar els nens a dormir a casa la sogra. Després compreu una caixa forta digital. Llogueu un paleta de llengua ignota, com ara el georgià, i feu-li saber per signes que voleu que excavi un forat a la paret de la sala. No torneu a contractar el paleta mai més i instal·leu-vos la caixa forta. Tota discreció serà poca. En lloc del típic quadre amagueu la caixa forta rere una planxa metàl·lica de tres centímetres de gruix. Fermeu la planxa metàl·lica amb un cadenat. Agafeu TOTS els llibres de casa i entaforeu-los dins la caixa forta. Tingueu cura de no oblidar-vos dels llibres de cuina i de tot el que dugui lletra impresa.

Quan els fills tornin a casa, feu com si res. Passaran les setmanes i no s'adonaran que els llibres han desaparegut. No caigueu en l'error de destapar la vostra jugada. Sigueu intel·ligents i aguanteu una mica més fins que un dia, com qui no vol la cosa, traieu la clau del quadre que dueu penjada al coll i obriu la planxa metàl·lica, introduïu la combinació a la caixa forta amb tot el secretisme de què sigueu capaços i extraieu de dins la caixa un llibre qualsevol. No us hi encaparreu, la tria del llibre no és important. Tanqueu la caixa forta i la planxa metàl·lica i llegiu. Retorneu el llibre a la caixa. Repetiu l'escena un cop per setmana, a traïció, quan menys s'ho esperin. Un mes i mig més tard els vostres fills us suplicaran que els deixeu llegir *Vida i destí,* la biografia del protagonista de *Bob el manetes* o un tractat de neurologia. Sigueu llestos i, com si els féssiu el favor de la seva vida, concediu-los el desig. Primer un cop per setmana, més tard, a demanda. Sí, ho haureu aconseguit, haureu reclutat un nou adepte.

7.4. LA INVASIÓ DE LA LLADRE DE COSSOS

Tinc una llauna d'alarma que es dispara a traïció. S'activa tant si vull com si no cada vegada que algun dels MEC fa el que no ha de fer. Llavors, la botzina de la culpa crida a tot drap com si la responsabilitat es transmetés per osmosi. O com si el sentit de l'honor mafiós de família no es limités als Soprano sinó també a la meva família, i que el que fa un dels meus ho hagi d'assumir tot el grup. Tot i que això tampoc no és del tot precís, perquè no és tot el grup, sinó els adults, els que ens pengem la llufa.

Sé que aquest automatisme és una reminiscència de la meva antiga vida com a aspirant a dona perfecta i de sobte em trobo parlant en tercera persona del plural: «Hem de prémer l'accelerador en els estudis o la morrada al juny pot ser històrica». «Hauríem de millorar la velocitat lectora actual de vaca asmàtica per la de gos hiperactiu». «No podem dedicar tanta estona a preparar berenars d'entrepans de tres pisos i tan poca a fer deures»... Un fenomen que té més a veure amb la pel·lícula *La invasió dels lladres de cossos* que amb el record de les rodes de premsa de Luis Aragonés.

He pensat força en quines són les ocasions en què el cervell em traeix d'aquesta manera tan poc ortodoxa, i en general el tema té a veure amb tot el que universalment es creu que els fills han d'aconseguir fer, tenir, ser... Perquè el que passa és, ni més ni menys, que al meu jo idiota algú l'ha enganyat fent-li creure que, en lloc de ser als menors d'edat que tinc a càrrec, a qui s'està avaluant és a mi. Com aquelles mares repel·lents de l'històric anunci de Pepsi que projectaven i competien per veure quin dels seus tres nadons seria més intel·ligent en el futur i, per tant, quina d'elles era la més estupenda. El meu jo normalet ja sap que tot plegat són punyetes, però mira, de tant en tant se'n va de vacances i el jo idiota ho aprofita per actuar com un vulgar lladre de cossos i apropiar-se de les accions dels menors d'edat que tinc a càrrec. El subconscient patidor, i amb voluntat de convertir-me en una progenitora periperfecta, creu que si els nens l'espifien jo quedaré fatal i algú m'inclourà a la llista negra de mares empestades, i no ho pot suportar.

Perquè entengueu de què parlo m'exposaré de nou com a exemple. Un dia, a la sortida de l'escola, la mestra d'un dels nens va demanar de parlar amb mi d'un fet qüestionable que havia executat el menor d'edat que totes dues tenim a càrrec. Al despatx, envoltades de silenci, el fet qüestionable em va semblar espantós i vaig jurar-li que, el nen, aquella mateixa tarda, repararia el mal que havia fet: ofendre greument la Z, una nena de la classe. Ara m'adono que enmig del brogit de la sortida de l'escola tot hauria quedat més petit, més humà, però allà, les dues cara a cara, la culpa em va inflamar. I, en sortir, vaig etzibar-li una ordre a l'interfecte i vaig mirar-lo amb una mirada que volia ser severa però que no devia ser-ho gaire. Em va respondre que abans es disfressaria de Barbie que escriuria una carta a la Z per demanar-li perdó. A sobre, quan va veure que, per berenar, li havia dut unes galetes integrals que no l'entusiasmen, emprenyat per la meva proposta, i perquè deia que la Z havia distorsionat la realitat i que tot havia estat una broma innocent, emprenyat perquè sap que emprenyar-se és una tàctica defensiva com una altra, va llençar les galetes políticament correctes a una paperera i va dir-me que sí, que jo era la pitjor mare del món i que un dia escriuria un article que no fos de broma per explicar la vida tan dura que li ha tocat viure.

La tarda va ser una escalada de despropòsits. Ell construint un nino de vudú amb la forma de la nena (bé, potser no representava la nena sinó a mi). Jo encara més empipada, amenaçant de convidar la Z a passar un cap de setmana a casa. Ell responent que trucaria al nostre amic R, que és jutge, perquè tramités l'emancipació. I jo responent-li que, de pas, l'amic R ho aprofités per explicar-li que el que havia fet a la Z, si ho repetia de gran, en la seva vida laboral, podien acusar-lo d'un delicte. La tarda va acabar amb el menor d'edat anant a dormir abans d'hora i jo amb una migranya fulminant. Per reblar el clau, mentre la migranya em perforava les neurones, vaig patir el pitjor de tot: el sentiment de culpa per tenir sentiment de culpa. Fins que em vaig adormir.

La solució

L'endemà vaig jurar-me que engegaria el sentiment de culpa a prendre vent. Que procuraria reaccionar amb serenitat britànica (dels *british* de bé, no dels *hooligans*) i que les espifiades dels menors d'edat passarien a ser seves i prou. I que si el meu fill es negava en rodó a reparar el mal (gran o petit) que havia fet, li escriuria una nota a la mestra per tal que s'ho arreglessin entre ells. No va ser necessari. L'interfecte va suggerir de comprar uns adhesius «de nena, que cursis, ecs!» i regalar-los a la Z. «Amb els teus diners», vaig afegir jo. I vam fer el camí d'anada a l'escola l'un al costat de l'altre, dignes, com si fóssim els cosins germans de lord Sebastian Flyte. Va ser bonic i vaig conjurar-me per silenciar aquella alarma de forma definitiva.

Quan l'alarma torna a botzinar-me l'esperit recordo la perversitat del mecanisme mental en negar una evidència que constato dia sí, dia també: el lliure albir dels nens. Una voluntat que s'atorguen per equivocar-se, com quan extreuen una gran quantitat de monedes del porquet guardiola amb pinces de depilar, per poder comprar-se uns cromos que ningú recordarà d'aquí a cinc dies, per barallar-se amb els seus amics de l'ànima o per deixar-se oportunament a l'escola la llibreta amb els deures de l'endemà. També, cal no oblidar-ho, per encertar-la per mèrit propi en tantes i tantes coses igual de memorables. El que queda clar és que la realitat és tossuda i allunyada de la visió *new age* que afirma que tot és u, per reafirmar-se en just el contrari: a casa cadascú és cadascú i que ningú confongui ningú amb el del costat. I mira, molt millor.

7.5. FUTBOL

Quan duc un dels menors que tinc a càrrec al club de futbol del barri perquè hi jugui hi ha qui insisteix a fer-me sentir culpable quan m'insinua si em trobo malament perquè no em puc quedar a veure l'entrenament. O que s'exclama dient coses com ara «Alça, pensava que l'X era orfe». Jo faig orelles sordes perquè és aquí on em sento d'una manera especial com el que sóc, la pitjor mare del món. Per començar, no suporto el fred. L'extraescolar de futbol, si és futbol federat, té una peculiaritat i és que els pares i mares poden quedar-se a veure el seu fill mentre s'entrena. Com podeu deduir per la meva declaració inicial, no m'hi quedo gairebé mai. Escalfo el cul a la freda grada quan fa prou calor, mentre que en fujo tant com puc en ple hivern. Podria dur manta. Podria dur una capa més al cos. Podria escalfar el cos amb una bona infusió. En canvi, llanço el nen a la porta del club i jo em llanço a prendre la infusió al bar i llegeixo. O ho aprofito per fer encàrrecs. A la primavera, però, tampoc no m'hi quedo gaire. No us enganyaré, mirar un entrenament de futbol m'avorreix. Ai, quin desastre!

De tant en tant m'assalten els remordiments quan recordo que la majoria de famílies vénen de lluny i hi dediquen tota la tarda. Que n'hi ha que tenen altres fills fent altres extraescolars en el mateix moment i fan autèntiques filigranes per combinar-ho. O que planegen com a alternativa al futbol l'atletisme, en què, en lloc de jugar una hora, les competicions poden arribar a ser curses de dos minuts, i que les pistes són a una distància oceànica, i em sento fatal.

Són moments de debilitat en què penso que fugir al bar és una opció covarda i miserable quan es compara amb l'actitud de medalla de la resta de progenitors. Ells sí, ells es queden, plogui, nevi, faci boira o caigui una pedregada. Es queden a les grades més humanes i es queden a les grades més inhòspites, situades en aquell racó fosc i humit on jo no he aguantat més de vint minuts. Deixen els nens una estona abans de l'entrenament i ja no es mouen fins a una hora i dos quarts més tard. Jo, en canvi, només puc veure noranta minuts de temps lliure, un bé massa escàs a la meva vida per no aprofitar-lo, i de cop la culpa desapareix de la meva vida per donar pas a la lucidesa. I cap al bar, botiga, biblioteca, hi falta gent.

La solució

Si per un casual la culpa no us deixa dormir, o si el menor que teniu a càrrec us pregunta si us quedareu (com els altres pares, insinua, sabent on fa mal) respongueu amb fermesa que no, que us feu velles i heu de vigilar de no agafar fred al còccix perquè és un fred fatal. Però que anireu a veure com s'entrena l'últim quart d'hora. Procureu complir la vostra paraula però no us tortureu si no podeu perquè us estàveu provant uns texans massa petits i heu trigat quinze minuts a extreure'ls de les vostres cames. I si així i tot us assalten els remordiments de consciència recordeu que tampoc veieu els altres MEC quan ballen, salten, neden, pinten, canten, patinen, fan ganxet o el que sigui que han triat com a extraescolar, i els remordiments, pam, s'esfumaran.

El dia del partit segueixo una pauta més o menys similar, tot i que socialitzo una mica més. Només una mica. De fet, ho vull aprofitar per aclarir als pares de l'equip que no és res personal, que sóc així, jo, i que hi ha rituals, com l'esmorzar i el diari dels dissabtes o diumenges, que són sagrats perquè potser, per molta festa que sigui, no tornaré a tenir una oportunitat com aquella per experimentar la pau, l'harmonia i el silenci. Ara bé, un cop l'àrbitre xiula l'inici de partit ja no existeix diari, llibre ni silenci. Llavors esdevinc una mare futbolera i apassionada, que passa nervis i anima l'equip; llanço mirades de «tu calla» quan un pare o mare de l'altre equip desbarra i insulta; em peto de riure quan m'adono que estem patint més que en una final de Champions, i que el nen s'ho passa de conya. Ha estat la gran sorpresa descobrir que seguir el futbol infantil (els partits) pot ser més emocionant que veure partits de primera divisió. Visca l'equip que sigui on jugui el MEC! Visca!

7.6. MALALTS

Hi ha dues vides, la que ens muntem al cap i la real. La que ens muntem al cap té la perillosa característica de fer-nos creure que tot és possible i després, quan la vida real et fot un jec i toques de peus a terra, de seguida t'adones que tot és més complicat i més senzill alhora. A la vida mental somiem a tenir baixes maternopaternals més llargues. A aconseguir ser uns éssers serens, alegres a tota hora, plens de paciència fins a les orelles, i som el que som. Voldríem que els nostres fills mengessin només aliments saludables i, com vaig concloure al punt 3.1, no sempre és possible. Voldríem que els MEC no es posessin malalts precisament quan tenim plans complicats i aquesta quimera tampoc és possible. I per reblar el clau, desitjaríem que els fills malalts de virus i bacteris de poca importància passessin un dia modèlic i la culpa ens rosega al vespre quan ens adonem que no ha estat així.

Estic gairebé convençuda al 99,98 % que les neurones immadures dels nens posseeixen un neurotransmissor capaç de captar els dies de vacances intersetmanals dels seus pares, les estades en un balneari dels avis cangurs i les reunions inajornables dels seus progenitors. En el meu cas servidora és autònoma, cosa que vol dir que no fitxa enlloc però que si no treballa no cobra. Té desavantatges però també té alguns avantatges... perillosos. Si un dels menors d'edat que tinc a càrrec es lleva amb el cos ple de taques no cal que el retoqui amb pintura acrílica de color carn i l'enviï a l'escola. Puc quedar-me amb ell a casa i provar de fer una estupidesa: treballar. En aquestes ocasions l'índex de vegades que un nen pot arribar a dir «mama» passa de trenta-set vegades per minut a cinquanta-nou i l'interfecte que feia ulls de cabridet a punt de ser sacrificat a les vuit del matí ara salta pel sofà intentant matar el Darth Vader i la meva paciència, tot alhora.

Sempre hi ha el recurs narcòtic de la tele tot i que té contraindicacions. Una vegada em vaig oblidar del menor d'edat durant nou hores mentre teclejava abstreta a l'ordinador i en tornar al sofà, el nen, incapaç d'articular paraula, no parava de cantar la sintonia d'un anunci de rentadores. L'altre extrem, apagar la tele i desplegar davant seu les possibilitats dels jocs, treballs manuals i lectures, també és perillós si el malalt és un menor de categoria 1, la dels tres als set anys. Perquè llavors, si un no està atent, algú pot obrir paquets de farina amb ganivets de trinxar, pot fer que nevi al sofà amb la farina i pot organitzar olimpíades d'hivern per aprofitar la neu que ha caigut al sofà... Ara per casa hi ha menors d'edat que poden quedar-se estones sols mentre els virus ocupen el seu cos. Però és una altra situació falsament còmoda perquè els interfectes truquen cada mitja hora al despatx o al mòbil per informar de la lectura del termòmetre o perquè cada poca estona rebo un correu electrònic que m'avisa que algú s'ha registrat a un joc nou d'ordinador. En resum, que aquell dia, sigui a casa o al despatx, la dispersió i la baixa productivitat estan assegurades.

I després hi ha l'enigma. Quan jo era petita i estava malalta jeia al llit tot el sant dia, per què ara és diferent? Després de rumiar-ho he arribat a la conclusió que la culpa la tenen els antitèrmics de nova generació. Les xeringades roses, taronges o vermelles són massa eficaces i provoquen situacions equívoques. Com quan el pediatre em va trobar un forat per visitar el malalt i llavors vam arribar a la sala d'espera i el nen, amb l'esperit ressuscitat a cop de química, va fer una demostració als altres malalts del ball de hip-hop que havia après mirant la tele. Tota la meva credibilitat se'n va anar a prendre pel sac i aquell home mai més va oferir-me una visita d'urgències un divendres a la tarda. Per consolar-me vaig fer el que no heu de fer. Em vaig xeringar amb substància antitèrmica taronja i vaig encarar el cap de setmana amb energia renovada. Amb nen malalt i tot.

La solució

Què es pot fer per no sucumbir a la culpa quan els MEC de torn s'han passat el dia mirant la tele? Explotar-los. No cal capficar-s'hi perquè mirin la tele o perquè es connectin a l'ordinador. Però ja posats els podem explotar convenientment perquè triïn aquella corrua de cedés que algú va oblidar de retolar i que ja no sabem quina festa escolar o celebrada familiar conté. I quan hagin enllestit els podem fer endreçar els devedés perquè coincideixi el contingut amb la caràtula, amb la promesa de deixar-los veure la pel·lícula preferida al final. L'ordinador pot ser una altra eina poderosa. Els nens saben fer presentacions digitals (power points, prezzis i coses similars) i els podem encarregar una proposta de presentació per a aquella xerrada a la qual ens vam comprometre a anar, o per al projecte que vam decidir tirar endavant. Potser no servirà de res, però potser sí i podrem fer passar per nostra una explosió creativa absolutament genial. I evidentment ja sabem a qui encomanar-li que busqui una proposta de ruta, hotels i vols per a les properes vacances. L'única precaució: no els deixeu a l'abast una targeta de crèdit si no voleu veure com us arriba un càrrec en concepte de viatge luxós al parc temàtic més llunyà. He avisat.

EXERCICIS DE REPÀS: CAL·LIGRAFIA I ALTRES PROPOSTES

Escriuràs cent onze mil cent onze vegades la frase «Culpaquè? No entenc el que em dius, maco».
Et tatuaràs al cervell la frase «Faig tot el que faig tan bé com puc i si em surt com un cagarro, mala sort».
T'adormiràs amb la cançó de Sergio Dalma «Culpable», en la qual el cantant de Sabadell afirma que no existeixen els culpables.
Elevaràs una proposta al Departament de Salut perquè als manuals idiotes amb propagandes de marques comercials idiotes que es reparteixen un cop has parit als hospitals s'hi escrigui alguna cosa que els faci menys idiotes i s'inclogui un crit d'alerta contra el sentiment de culpa.

EN AQUESTA LLIÇÓ HEM APRÈS... TANT DE BO

Que no hi ha millor dieta d'aprimament que deslliurar-se del sentiment de culpa. És tal l'alliberament del pes que requeia sobre les seves espatlles que el subjecte creu levitar. L'interfecte, espantat pel fenomen de la lleugeresa extrema que pren el seu cos, tem haver-se empassat el contingut de deu globus d'heli. Quan comprova que no és així, i que tot és a causa de l'absència de la culpa, encara se sent més deslliurat, més lleuger, més feliç. I tot sense necessitat d'ingerir iogurts amb bífidus actius o inactius.

LLIÇÓ 8

ESTUDIARÀS ELS MENORS D'EDAT QUE TENS A CÀRREC AMB ESPERIT CIENTÍFIC

PROBLEMA: ELS MEC TENEN LA CAPACITAT INFINITA DE SORPRENDRE'NS. NO TENIR-HO EN COMPTE ÉS UN FACTOR DE RISC QUE INCREMENTA LA POSSIBILITAT DE PATIR ACIDESA D'ESTÓMAC

Mai he entès aquelles dones i homes, però especialment dones, no ens enganyem, que es lamenten perquè els nens creixen. Sempre m'han fet angúnia, com si en lloc de fills el que volguessin són Nenucos per jugar eternament. A mi m'ha agradat tenir nadons. Però de la mateixa manera estic gaudint dels darrers anys d'infantesa del petit. I amb una barreja d'incertesa, diversió, curiositat, expectació i resignació estic immersa en la muntanya russa de la preadolescència i l'adolescència del mitjà i la gran.

També és veritat que l'amnèsia té el seu paper i fa que s'esborrin els patiments i les suors d'aquells primers anys. Però també que oblidi el crit imperiós de la reproducció de l'espècie. La humanitat que no esperi de mi més fills. El meu cervell ha tancat barraca.

Però malgrat aquesta semiamnèsia que m'ha convertit en la tieta perfecta, ara visc aquesta darrera infantesa i la bogeria adolescent molt millor que quan vaig començar i ho havia de saber tot. Que els nens neixen sense manual? És igual, hi ha llibres, em deia jo (ei, alguns em van salvar la vida, tal com explico a l'apartat 8.1). Que no entenc per què coi ploren? Interrogava a tots els pediatres perquè NO podia admetre que NO hi hagués explicacions i respostes.

Ara és diferent. Dels llibres de pedagogia i psicologia m'he passat al treball de camp. Observar i estudiar els MEC que tinc al davant s'ha demostrat molt més eficaç que qualsevol enciclopèdia per al bon progenitor pijiprogre. A banda de més científic, raonable i lògic. I molt més divertit, què coi.

De les anotacions al bloc de treball de camp n'han sortit algunes observacions que vull compartir amb vosaltres. Espero que us serveixin d'alguna cosa. Si no és així els diners no us seran retornats. La vida és dura.

CASOS PRÀCTICS

8.1. LA SOLEDAT DE L'ALLETADORA DE FONS

En travessar la plaça del Diamant vaig veure una dona alletant un nadó asseguda en un banc on hi queia un raig de sol molt convenient. Era una escena bonica per la facilitat amb què tot encaixava. Mare, nen, pit, llet, sol, banc. Ja està. M'hauria abraçat a la mare i al nadó i els hauria felicitat entendrida si no fos perquè aquestes coses només les faig en l'hiperespai de la meva imaginació i que no tenia ganes que de l'ensurt el nen em vomités a sobre tota la llet que havia pres tan amorosament. Duia un vestit vermell pel qual sento certa flaca i la llet de nadó és entendridora però taca. A més, vaig sospitar que la verdor del meu cutis tenyit d'enveja hauria estat massa evident, i em va fer un no sé què.

Dins la meva col·lecció privada de cares d'idiota, una de les més lluïdes la vaig fer el dia que se'm va acudir suplicar-li a un pediatre que em donés pistes sobre la millor manera d'alletar una criatura rebeca a ser alletada. L'home em va respondre que no havia de fer res d'especial, només anar provant. Quan vaig reaccionar a la gran perspicàcia i el semenfotisme d'aquell anar provant, ja era fora de la consulta i, emprenyada com una mona, vaig desitjar que el metge fos un gran aficionat a la ingesta de pollastre hormonat que li proporcionés uns pits llustrosos i ferms. No van passar gaires dies que la cara va quedar en una minúcia al costat de l'expressió facial d'estupor que em va quedar en telefonar a una consellera en alletament. Amb l'entusiasme del profeta em va vaticinar nits en vetlla alletant sense fre, en sessió contínua. Vaig emmudir, aterrida, davant la perspectiva. «És tan maco», em va dir, confonent el meu silenci esgarrifat per pura reverència.

La solució

Després de buscar dins la bossa de mà l'instint maternal que m'ajudés a convertir-me en una mare capaç d'alletar vuit hores seguides i no trobar-lo, me'n vaig anar a passejar. Com tantes altres vegades vaig trobar la salvació en una llibreria. L'autora salvadora és una infermera escocesa que en el seu llibre oferia unes pautes raonables, consells compatibles amb la declaració dels drets humans i tones de sentit comú. La minimenor d'edat que tenia a càrrec va deixar-se alletar una mica més però sense alegria, i no va ser fins que no vaig veure-la endrapant farinetes que ho vaig entendre. Per molt que em fustigués, aquella vegada no l'havia espifiat. I la petita tampoc tenia cap responsabilitat en aquella *entente* gens *cordiale*. Simplement la llet (materna o de pot) no li feia el pes. Li agradava molt més el menjar que es mastega!

No tindré mai gaires amics al Facebook, ni podré esdevenir una líder carismàtica de cap moviment social perquè els extrems em provoquen narcolèpsia. No vaig alletar els menors d'edat que tinc a càrrec fins als quatre anys. Que ho faci qui vulgui però jo no em penedeixo de no haver-ho fet. I tampoc vaig optar per l'alletament artificial des del primer dia perquè em sembla molt radical. Vaig aplicar el mètode científic de l'assaig i error i en alguns em va sortir millor que en d'altres. Les conclusions tampoc són per publicar a *The Lancet* de tan evidents: que no neixes sabent alletar per molt que tinguis pits que ragen llet, que la natura massa vegades tendeix a ser una mica justeta en comprensió, que a la facultat de medicina expliquen tot aquest tema un dilluns de pont i que donar el pit és bonic però cansa.

8.2. EL TÚNEL DEL TEMPS

Passo cada dia davant la botiga estupenda de roba i trastos per a nadons. Veig els aparadors i la corrua de parelles formades per futurs pares i mares; futures mares i àvies; també, esclar, pels pares i mares amb la L tatuada al front, i, per acabar, per les mares i àvies de fa poc. Entren i surten amb un somriure de futura felicitat o de felicitat acabada d'estrenar. Aquesta última felicitat, de vegades, és felicitat però amb una dosi de son, patiment i dubtes que els han deixat tan estupefactes que s'aferren a la compra d'un pitet verd fluorescent amb l'esperança que la modernor ho curi tot. Cada dia passo davant la botiga, però el dia que hi vaig entrar vaig quedar atrapada en el túnel del temps.

L'impacte va ser gran: vaig adonar-me que pateixo amnèsia. La falta de memòria o, més aviat, l'oblit de fets cronològics tampoc tan llunyans, és absoluta. O podria dir «era», perquè, de sobte, una quantitat infinita de vocabulari va abandonar la masmorra on l'havia tancat el meu cervell i va desfilar, eufòrica, pel taulell de la botiga. Bodi, xumet, penjoll sonall per a embarassades, manteta, ganduleta, escoliosímetre (allò per dur els nens penjats), banyereta (ara en tenen un model galàctic estil *Falcó Mil·lenari* que em fa molta enveja), mòbils (dels que es pengen al sostre, dels altres encara ningú ha inventat res per a nadons, però tot arribarà), cadires evolutives, walkie-talkies per sentir quan es tiren un pet (també per poder fer el vermut amb els amics a la terrassa, mentre el nadó fa la migdiada i somia quan sigui gran i pugui fer el vermut amb els amics a la terrassa), cotxets a preu de Rolls-Royce i moltes altres coses, com ara plats i coberts, tovalloles i pinces, que comprades en una botiga d'aquest ram et costen deu vegades més que si ho fas en qualsevol altre lloc.

Confessaré l'alleujament que sento per haver deixat enrere una època deliciosa per la qual no sento cap mena de nostàlgia. La meva relació actual amb els nadons és la de tieta perfecta i cangur perfecta de petits nadons aliens perfectes. Perquè, malgrat que hi hagi qui no s'ho cregui, servidora amb les tres perles pròpies ja en té prou i està molt satisfeta que l'etapa nadó hagi quedat enrere. Parlaré, això sí, de l'estupor que vaig sentir en adonar-me que, com les serps o els protagonistes de la sèrie *V*, he mudat de pell per esdevenir una altra mena d'ésser viu.

La meva mare, que va haver de fer-se càrrec d'una quantitat de menors que considero heroica (set!), pateix el mateix fenomen i tem haver estat víctima d'un cas de possessió. «No sé com podia, és com si aquella dona capaç de tot no hagués estat jo». Però era ella, ho certifico. Igual que les fotos on surto ullerosa, i amb els minimenors d'edat que tinc a càrrec penjats com micos de qualsevol part del meu cos, són una prova irrefutable que la dona animosa de cabells curts era jo. Tenia llavors l'energia psicotròpica que et dóna el mandat biològic pel qual mataries abans de permetre que els petits menors d'edat que tens a càrrec es quedin sense un plat de farinetes a taula, un vídeo educatiu amb música de Mozart i una mare capaç de dur-los a la placeta a quarts de vuit d'un matí de dissabte. Sincerament, no m'estranya que l'energia psicotròpica s'hagi esgotat.

La solució

Per no patir regressions perilloses obligueu-vos a passar un cop al mes davant d'una llar d'infants, a l'hora de la sortida de la tarda. No et fixis en els menors, no! Fixa't en les cares, especialment en els ulls, dels progenitors. Després mesura a ull els graus d'inclinació del cos respecte al terra i observa la gepa generada per un constant mirar cap a les petites, baixetes i infatigables criatures.

Si tot i així noteu unes pessigolles a l'estómac sospitoses, enganxeu l'orella a la paret de qualsevol llar amb nadons, bebès i infants en edat preescolar, a les dues, a les quatre i a les sis de la matinada. Observareu un nivell d'activitat inquietant. Fixeu-vos en la vostra pròpia son i jutgeu si en aquells moments us ve de gust jugar o bressolar un miniMEC. Si és així, ja us ho fareu. Però si no, mireu-vos al mirall. Sota la pell primera de progenitora novella hi haurà aparegut una dermis menys tibant i fabulosa però més resistent que embolcalla el que ara sou, una honorable membre del club de les pitjors mares del món. I ben felices.

8.3. EL BUCLE

Tenir tres fills és sensacional si no fos per la sensació de bucle. Dic bucle on podria escriure dia de la marmota, escala mecànica o qualsevol giny o acció que denoti moure's i adonar-se que no t'has mogut. M'hauria d'alegrar reviure-ho TOT per tercera vegada, ja que cada fill és diferent i tot això que es diu, però, seré sincera, no és així. Perquè ensenyar a fer servir el vàter a les criatures no té res d'emocionant. No tinc cap problema a netejar culs, i ho feia amb alegria. Però aquell moment en què el cul no sap si té llibertat d'acció les vint-i-quatre hores o si ha de córrer fins a trobar un vàter sempre m'ha costat, i quan el tercer va comprendre per fi el mecanisme, vaig sentir-me alliberada. Però el cansament no es limita a l'ensenyament dels hàbits escatològics. Tant de bo.

He arribat a veure fins a nou vegades un ball misteriós i críptic que fan els nens més petits brandant un mocador. Sí, nou vegades: les tres vegades que em tocaven més les sis de propina que em vaig empassar quan hi anava per veure un altre ball i em trobava que els nens més petits repetien el número del mocador, any rere any. Per la castanyada, Nadal i Sant Jordi engipono amb els ulls tancats la mateixa disfressa que, tunejada amb alguns complements, serveix de castanyer, pastoret i català fins al punt que ja no sé si els he vestit d'una cosa o d'una altra. Quan em toca escoltar les explicacions sobre les primeres anades de colònies m'he de retenir per no repetir-les en mode *playback*. I sé que no hauria de consultar els missatges al mòbil quan tocaria estar apuntant que per fer gimnàstica calen sabatilles blanques i no negres, blanques, blanques, blanques!, però no ho puc evitar.

Em passa si fa no fa el mateix amb qüestions mèdiques. Quan tot semblava apuntar a una segona operació de fimosi a la família, vaig anunciar al pare de les criatures que jo dimitia de les cures intensives i que, aquesta vegada, li tocava a ell fer-se'n càrrec. No sé com s'ho ha fet, però, oh miracle, per ara el petit se n'ha salvat. Però hi ha altres afers en què els miracles no funcionen i cal repetir, com les revisions i les preguntes de rigor: sí, es dutxen cada dia; sí, mengen de tot; sí, dormen les seves hores, i sí, he mentit en tots els apartats com a bona pitjor mare del món que sóc (això només m'ho dic mentalment perquè al CAP encara no han descobert la meva doble personalitat).

I quan a final de curs estic de festes de classe fins al capdamunt i em salto les reunions de casals perquè sí, no pas perquè me n'oblidi, penso en la meva mare i em quedo sense paraules. Sóc la sisena de set germans. Set aprenentatges d'anar en bicicleta. Set adolescències. Set-centes reunions de classe. Setanta mil cavalcades de Reis... Esclar que, ara que hi penso, les cavalcades ens les saltàvem. Massa gent, deia la meva mare. I les reunions de classe... de vegades també. I, a més, els set germans vam anar a moltes escoles diferents... És evident que la mare només feia el que calia fer, activar totes les estratègies possibles per no morir d'avorriment. Perquè avorrir-se és una paraula políticament correcta quan s'aplica als nens i un tabú impronunciable quan toca als pares. Com si el fet d'avorrir-se provoqués l'expulsió del cel dels pares perfectes. Un cel on no cal que m'hi busqueu. I a la meva mare, per sort, tampoc.

La solució

No teniu cap obligació de sentir-vos entusiasmades quan els MEC tornen a recitar «Sóc petitet, ja creixeré, i us felicito el Nadal, com jo sé», igual que van fer els vostres nebots, i després els vostres fills més grans. I els fills dels veïns. I els fills dels amics... I no em refereixo al dia de Nadal, sinó als dies abans quan s'ho preparen i als dies després quan aprofiten qualsevol trobada amb algun adult per deixar anar el vers. Podeu, per tant, comprar-los el llibre de Roald Dahl *Versos perversos* i ampliar el seu repertori líric.

I si us sabeu fins el número de sèrie de tot el mobiliari urbà de la placeta del barri, poble, polígon industrial o lloc on aneu a pasturar les criatures sempre us podeu inventar alguna bola apocalíptica. Per a aquelles que tenen pànic inventiu uns petits suggeriments:

— L'asfaltat és tòxic i no es pot llepar.
— Els nens que hi van són vampirs.
— Sota la plaça hi ha corrents magnètics que faran que se't tenyeixi el cabell verd.
— Ah, doncs cada vegada que hi anem soparem torrades d'escalivada amb wasabi.

I com a norma general feu tot el que calgui per evitar el bucle i l'avorriment. Mentiu, robeu, estafeu, difameu, feu alçament de béns, prevariqueu... Teniu la meva benedicció.

8.4. ELS NENS DESTRUCTORS

Hi ha nens destructors. Nens que no poden evitar trinxar una mosquitera tres-centes vegades. Nens que esmicolen llums a cops de globus. Que deixen les seves petjades impreses a la paret, a un metre de terra... o al sostre. Que redueixen les peces de Lego a farina de galeta. Els conec bé, molt bé. Sóc germana i tieta d'exnens destructors i ara, per casa, en corren uns quants. Alguns a jornada completa, d'altres a temps parcial. N'hi ha que s'agafen excedències i que es reincorporen per breus períodes de temps. Però hi són, ho porten a dins, i no ho poden evitar.

Àtila, el temible sobirà dels huns, la destrucció del qual va arribar a ser llegendària fins al punt que va córrer la brama que per on passava el seu cavall no hi tornava a créixer l'herba, és, sens dubte, la llum que guia alguns dels moments estel·lars dels menors d'edat que tinc a càrrec.

M'he encomanat moltes vegades a la mare d'Àtila perquè em doni forces per resistir. Perquè a l'home la fal·lera destructora no li devia agafar de gran, així, com un caprici, i la seva mare, n'estic convençuda, devia suportar un calvari en forma de nen destructor. És a ella, la meva deessa pagana personal, a qui prego perquè m'enviï contenció i temprança quan descobreixo que la porta de la cuina «s'ha esbotzat» així, d'una forma impersonal, com per generació espontània, sense que ningú en sigui el responsable. Un fenomen que també afecta les jardineres que, ves per on, «es buiden», igual que les prestatgeries que «es desmunten» o els comandaments de la tele que «deixen de funcionar».

De tots dos el pare de les criatures és el més sensible a qualsevol devastació, entre altres coses perquè és un manetes de reconeguda solvència i veure com el resultat d'hores de treball amorós i pacient acaba reduït a material de deixalleria el fereix amb un dolor més punyent. Tan gran és el greuge que no pot deixar d'exclamar un desconcertat i ja mític «Per què?». És, aquesta, una qüestió filosòfica d'alta volada que podria ser l'epicentre d'un congrés mundial de filòsofs. Temo, però, que ni així s'hi trobaria una explicació o teoria satisfactòria. Passa el mateix amb els treballs socials. Ferlos fer feines no qualificades com les d'ajudant de pintor, fuster o paleta no els vacuna de futures destruccions. Això sí, hi insistim. Com a mínim saben el pa que s'hi dóna i, a més, repintar parets amb algú que netegi les gotes de pintura que cauen a les rajoles té certa recompensa. Sí, podríem posar papers de diari per cobrir-les, però perdria emoció.

La solució

L'Esther, una bona amiga, quan em queixo perquè he descobert que el llit petit té la meitat de les fustes del somier destrossades, m'explica la seva infantesa com a part d'una quadrilla de germans destructors. Casa seva, diu, era una mena de magatzem de mobles vells, amb sofàs de roba estripada, taules apedaçades i cadires coixes. Els seus pares es van negar en rodó a gastar-se un cèntim en aquest apartat fins que els fills no es calmessin.

Me l'escolto i penso que té raó, que això és el que va fer un dia aquell germà meu, o aquell altre nebot. Es van calmar. Espero que tant de bo passi el mateix a casa meva i a casa vostra si patiu el mateix problema. Aquell dia, però, qui tingui accions d'una coneguda botiga sueca de mobles, que se les revengui, perquè cauran en picat.

8.5. LA CRIATURA ESTRANYA

Fa dies que una criatura estranya s'ha colat a casa. Dorm a l'habitació de la gran dels menors d'edat que tinc a càrrec, seu al seu lloc a taula i, fins i tot, a l'estil del camaleó, s'ha mimetitzat amb el seu aspecte. Tant se val, l'he detectada i sé que és una impostora. He estat a punt d'acorralar-la ruixant-la amb insecticida perquè confessés què n'ha fet, de la meva filla, però, sabedora de la meva condició de pitjor mare del món, m'he estimat més consultar amb les autoritats naturalistes pertinents. M'han aconsellat que, abans d'escometre un pas irreparable, estudiï bé de quina mena d'ésser viu es tracta. I em disposo a observar.

L'espècimen entra a casa i l'estudio amagada rere la bicicleta el·líptica que en realitat fa de penja-robes. Ha deixat la motxilla sobre el sofà en lloc de llançar-la amb contundència a terra. Bon senyal. Passen cinc minuts i encara no s'ha acostat al seu centre d'interès obsessiu, l'ordinador, i intrigada i un xic amoïnada (la criatura estranya ha sabut imitar tan bé la meva filla que ha aconseguit que empatitzi amb ella) em pregunto què li deu passar, si algú li ha fet la punyeta o, encara pitjor, si ha perdut el pin del mòbil. I no, és més senzill, somriu mentre llegeix una oferta de la perfumeria del barri: si et gastes trenta euros et regalen una colònia pudent.

Un cop més calmada em descalmo en adonar-me que l'espècimen va vestit amb peces de roba del meu armari de cap a peus. També m'ha fotut la pinça dels cabells. I descobreixo que el boli platejat amb què es decora les mans amb tatuatges pop-art no és altre que el que em va regalar la meva família pel meu quarantè aniversari. Estic a punt de sortir del meu amagatall i cantar-li les quaranta però em continc. Acaba d'entrar en escena el mitjà dels menors d'edat que tinc a càrrec. L'espècimen s'altera visiblement pel fet de compartir espai vital amb un nen d'onze anys. Però l'alteració s'atura quan nen i espècimen seuen junts davant la pantalla de l'ordinador i posen música on canten «Yo te esperaré» o «Sense tu» a tot drap. Apunto al quadern: cleptomania, carallotisme, fixació tecnològica i capacitat de simbiosi.

Llavors em veu i em pregunta què faig rere la bicicleta, m'abraça exultant i tot seguit m'empeny acusant-me de pesada. L'acció em desorienta i li perdo la pista però la recupero fàcilment. Només cal seguir la corrua de sabates, càpsules de cafè buides per fer manualitats, pots de pintaungles, jaquetes, arracades i papers de magdalenes que ha deixat arreu. S'ha amagat al seu cau i simula fer deures. En realitat, amb unes antenes invisibles que jo no detecto, capta el senyal del Facebook, els WhatsApp, la música i, en un lloc secundari, els apunts. Li observo també una emocionalitat que la fa passar del drama a l'eufòria amb una facilitat que seria l'enveja del senyor Stanislavski. Fins que, tot de sobte, es tomba i em mira, i en els seus ulls hi descobreixo una veritat que em deixa estupefacta, com estupefacte es devia quedar Jordi Sabaté Pi quan va veure el Floquet de Neu per primera vegada: és ella. La criatura estranya no és cap impostora, no ha ocupat, robat o envaït el cos de la meva filla, senzillament ha mutat en un bell exemplar d'*Adolescentis comunis.* Vital, generosa, hermètica i comunicativa, responsable i cap verd, alegre i desgraciada, caòtica, creativa i arrauxada. Pastada a sa mare quan tenia tretze anys. Ai, senyor.

La solució
Que cadascú triï la que li sembli millor:

a) Instal·lació d'un xip al cul.
b) Instal·lació d'un GPS camuflat a la planta del peu.
c) Una combinació de til·la, valeriana, vermut del Matarranya, triptòfan i grifònia.
d) Sol·licitud d'un trasllat temporal sense opció a traslladar la família.
e) La rendició més absoluta a la realitat i una nova dosi de la solució *c*.
f) Adquisició d'uns cascs insonoritzadors.
g) Seguiment intensiu antropològic per tal d'escriure una tesi sobre la pervivència dels signes tribals en la nostra societat.
h) La solució *c* canviant la til·la per whisky i la valeriana per orujo.
i) Ja, de passada que ens convertim en uns virtuosos de la paciència, ens matriculem d'alguna carrera de ciències.
j) Exercicis de visualització en què veiem els nostres adolescents convertits en pares d'adolescents. He, he, he...

8.6. EL KIT DE LA PERFECTA MARE D'ADOLESCENT

Una vegada vaig sentir el Carles Capdevila explicant que estava força enfadat amb totes aquelles persones que li pronosticaven plagues bíbliques i quaranta mil mals amb l'adveniment de l'adolescència a casa seva. El Carles ho contraposava amb la seva realitat quotidiana i, pel que deia, la cosa no li anava tan malament, al contrari. Sonava com una persona que hi toca, no com el típic pare que lloa els seus nens que es porten tan bé, mentre tu els observes de cua d'ull i t'adones que al seu costat Al Capone era Sor Citroën.

Gairebé al mateix temps vaig llegir un article de l'escriptora Care Santos en què feia una encesa defensa de l'adolescència. En aquells moments l'alegria que vaig sentir va ser infinita i egoista. A casa l'adolescència feia dies que se'ns hi havia mig colat. Venia a estones, a dies i després se n'anava. Temptejava el terreny. Jo sabia que no s'instal·laria a casa fins a un any o dos més endavant, però estava prenent mides del piset.

Amb la sàvia aportació del Carles i la Care em vaig tranquil·litzar. Les pitjors mares del món no tenim terme mitjà, terror o relaxació total. Però llavors em va sorgir un problema. M'estava comprant a terminis el kit de la perfecta mare d'adolescent i, pel que semblava, estava fent el panoli.

El kit consistia en:

1.

Equipació completa apta per netejar l'habitació de l'adolescent: granota de cos sencer amb motxilla de fumigació inclosa.

2.

Equipació completa ideal per trobar qualsevol objecte a l'habitació de l'adolescent: vestit de neoprè de cos sencer amb bombolla d'oxigen per poder submergir-se en el caos de roba, papers, cables i altres objectes no identificats.

3.

Equipació completa indispensable per mantenir una conversa civilitzada sobre horaris amb l'adolescent: armadura medieval del segle XIV, certificada pel Gremi d'Antiquaris i Brocanters de Catalunya.

4.

Màscara tapaespant, fonamental per mantenir una expressió digna a l'hora de parlar de sexe, drogues i rock and roll amb l'adolescent. Disponible en model pare i model mare impertèrrit. El model mare consisteix en una foto de la gran i impertèrrita Greta Garbo i el model pare en una foto del gran i impertèrrit Buster Keaton.

5.

Un val per a deu sessions del millor equip de mediadors de conflictes entre pares i adolescents. Sí, hi ha qui els coneix com la Laa-laa, la Po, el Tinky-Winky i el Dipsy, hi ha qui els anomena Teletubbies, però les seves abraçades són d'una eficàcia comprovada.

6.

En cas de fallar el mediador, el val anterior dóna dret a deu sessions amb el supernanny especial per a adolescents, mundialment conegut com a Freddy, i també com a Krueger.

7.

Un tractament complet antiacne a l'Institut de Bellesa Natural Bruixes de Macbeth. Tots els productes són d'origen ecològic.

8.

Vestit especial per a trobades familiars, dissenyat pensant en l'adolescent d'avui dia. El fet que sigui de color blanc amb ratlles negres no implica que les trobades familiars siguin viscudes com una presó. O potser sí. Una mica. Molt. Mira, que s'aguantin.

9.

Una potent eina de persuasió per aconseguir la col·laboració de l'adolescent en les tasques domèstiques. Ve equipat amb una bateria de fins a cent hores d'ús sonor ininterromput. És una eina que està a punt de ser descatalogada, per tant es prega que sigui servida aviat. La referència és Julio Iglesias. *The Greatest Hits.*

10.

I la perla del kit, un *coach* personal per acompanyar-te, guiar-te i donar-te el suport moral i espiritual al llarg d'aquests anys dificultosos i nefastos. A escollir segons els gustos i preferències de cada progenitor/a. En aquest cas la referència és Brangelina. Es prega no confondre amb la referència del punt 9.

La solució
Ho confessaré, han passat anys des que vaig sentir el Carles Capdevila i vaig llegir la Care Santos i l'adolescència ja és aquí i per duplicat. Ara m'alegro d'haver comprat el kit perquè és bufó i útil. I total, ja el tenia mig pagat. I tal com temia ja l'he hagut de fer servir en alguna ocasió. Sé que no és un kit apte per a mares perfectes i empàtiques, però què voleu que us digui, funciona. De totes maneres, i encara que sembli incompatible, jo també estic d'acord amb el Carles i la Care i no cal anar abduint de terror els cossos dels futurs pares i mares d'adolescents. Una, perquè si al final tot és tan espantós no cal esguerrar els pocs dies de pau que els queden als futurs pares histèrics. I perquè si no és veritat, és un exercici de sadisme innecessari.

El fet que el distribuïdor del kit sigui una empresa de nom Manso Organixeixon Inc. no és pura coincidència.

EXERCICIS DE REPÀS: MANUAL DE CAMP

Compra't una llibreta amb la tapa decorada amb la foto d'un elefant o un tigre i utilitza-la per a les teves anotacions naturalistes i antropològiques i anota el següent:

Canvis d'humor: dia, hora, temperatura corporal, índex glucèmic, nombre d'exemplars MEC a la vora, parentesc.

Actituds asocials: dia, hora, temperatura corporal, índex glucèmic, nombre d'adults a la vora, parentesc.

Actituds assertives: dia, hora, temperatura corporal, nombre de dies que falten per al seu aniversari, nombre de dies que falten per al dia de Reis.

Emissió de paraules grolleres i actituds desafiadores: dia, hora, curs escolar, estudi hormonal complet, nombre de MEC atractius a la vora.

Emissió de líquid pel conducte lacrimal: dia, hora, índex glucèmic, temperatura corporal, qualificacions acadèmiques recents, negació de desitjos peregrins recents.

Altres factors que puguin ser d'interès per a l'estudi de l'exemplar en qüestió.

EN AQUESTA LLIÇÓ HEM APRÈS... COSES

Que hi ha autors tan sorprenents com el naturalista Gerald Durrell que poden ser un bon exemple en la criança dels fills. I que cal saber mirar el que es té al davant i no el que es projecta a la imaginació. Sona molt profund, molt pedant i molt arrogant venint de qui ve, la pitjor mare del món, però ves per on, és veritat.

LLIÇÓ 9

APRENDRÀS DELS ALTRES TOT ALLÒ QUE ET CONVINGUI. EL QUE NO ET CONVINGUI, DONCS NO

PROBLEMA: FER ORELLES SUEQUES ALS CONSELLS I EXEMPLES DE VIDA ALIENS INTERESSANTS FACILITA L'APARICIÓ DE GALINDONS

Hi ha paraules que maten. Consells que et destrossen els nervis i t'omplen de neguit fent-te reflexionar durant hores i hores sobre si és convenient introduir ja el puré de fruites al petit MEC o si la introducció del puré de fruites no és més que una estratègia subconscient que t'has muntat per saltar-te aquella presa del pit que et fa tanta mandra donar-li, tot i que saps que és tan i tan important, excepcional i bàsic que no se'n salti ni una, però ni una, ni una, ni una de les preses de pit. Són consells dits a cau d'orella, d'aquells que comencen xiuxiuejant-te: «Tu fes el que vulguis, eh, però jo crec que...». I patapam, ja te l'han fumut.

Però de vegades hi ha paraules que salven. Que et diuen: «Mira, nena, tu fes el que vulguis i creguis que has de fer». I punt. Callen. I aquell callar el recordes més que qualsevol discurset llançat amb fona, com qui llença una pedra per caçar una cabra salvatge. O consells que el que et proposen és un bot salvavides en ple enfonsament del *Titanic*, just després que Leonardo Di Caprio estirés la pota.

El més difícil és destriar qui té un bon consell per regalar-te d'aquell que t'ofereix un punyal. Sobretot perquè quan estàs receptiva a sentir consells és per un motiu: han saltat les alarmes. Alguna cosa no va bé i no saps per on tirar. Estàs vulnerable i en perill de ser captada per sectes perilloses com les alletadores intransigents, o les germanes de l'estricta disciplina, o la confraria dels bons salvatges, o el grup en favor del retorn a l'era pretecnològica, o els de l'adveniment de l'apocalipsi adolescent, i tants d'altres, delerosos perquè t'hi uneixis.

Cal, doncs, que practiquis el diagnòstic de l'iris, i et fixis si les pupil·les es dilaten en excés, si el color de les vores de la nineta és de color verd moc, o si la brillantor de l'ull és mat o brillant. Si notes qualsevol alteració estranya fes sonar la sintonia del mòbil i interromp la conversa simulant una trucada de l'advocat que et defensa de l'acusació d'agressió amb arma blanca a la sortida d'una discoteca de Sabadell. Quan pengis llueix un somriure espaterrant i afirma tranquil·la que te'n sortiràs sense ingrés a presó i afegeix un: «Què deies...?». Segur que el que volia era explicar-te que s'havia oblidat que tenia hora al metge i que adéu ja us veureu un altre dia...

Però de les persones, bones persones, que tenen coses bones per oferir-te, no te'n desfacis. Cuida-les. Tingue'n cura. Apunta allò que fan i que et pot ser útil. Roba'ls les idees brillants. Observa-les. D'elles en podràs aprendre un fet bàsic per desertar del camí de la perfecció: que no ets posseïdora de LA VERITAT i que hi ha altres mons interessants i són tots aquí.

No trobaràs en aquest apartat cap solució proposada perquè només n'hi ha una i te la dic ara: COPIA, ADAPTA, PLAGIA, RAPINYA totes les bones idees de les persones de confiança. I de les que no són de confiança també, però no els ho diguis. No s'ho mereixen.

CASOS PRÀCTICS

9.1. MODEL: EL PARE DE LES CRIATURES

Va ser ell qui em va enredar. Oh, sí, va ser ell. I ara, tots dos compartim aquest anar pujant nadons fins a convertir-se en adults i junts hem viscut les situacions més surrealistes i estroboscòpiques. Qui ens ho hauria dit en la nostra altra vida d'estudiants de cinema, que acabaríem sent protagonistes d'una pel·lícula dels germans Marx. Com que compartim totes les hores del món, penes i alegries és ell a qui més observo. Sobretot perquè per arribar al mateix punt sovint prenem camins diferents.

Com el vaig observar aquell desembre i gener que ens va fer entrar a l'any 2013, quan l'estafa de l'apocalipsi Maia del 21 de desembre del 2012, la nit de Nadal, el Nadal, Sant Esteve, Cap d'Any, la nit de Reis i Reis, ja s'havien autocombustionat deixant un rastre de cendres i colesterol. Aquell any, a diferència d'altres vegades, no em vaig poder agafar festa. Per sort, el pare de les criatures sí, i el pes d'estar amb els menors d'edat a càrrec va recaure tot en ell. I els nens la mar de feliços, tu, perquè el seu pare els ofereix una visió de la vida particular.

Un dia d'aquelles vacances li va tocar dur la gran al dentista per ser uns bràquets més pobres, i ja que hi eren ho va aprofitar perquè els altres dos obrissin la boca ajaguts a la butaca i, de passada, gravar un vídeo antropològic de la visita. Al vídeo s'hi veia el petit, amb les dents tenyides de vermell per culpa d'un líquid que revela els llocs que no s'han raspallat, rient, orgullós de no haver-se'n raspallat ni una. Després li tocava el torn al mitjà: les dents sortien igual de vermelles i l'element hi apareixia igual de content del seu baix nivell higiènic. Hi havia un tall i les imatges ens tornaven a mostrar el mitjà, però ara amb dos cotons a la boca perquè la dentista va aprofitar l'avinentesa per treure-li dos ullals, i el menor d'edat ja no reia, tot i que el pare de les criatures li deia que estava més que horrible per fer-li passar l'espant. I tot amanit amb el soroll de fons de les rialles de la gran i del càmera i progenitor.

Un altre dia els va dur a menjar-se unes creps prop de la Vila Olímpica. Però en lloc de lloar la proximitat del mar, va trobar més pintoresc explicar-los la proximitat del cementiri i tots van tornar encantats d'haver fet un mos amb regust de Nosferatu. I un altre dia, si el petit escrivia malament la carta als Reis l'amenaçava de broma de grapar-li els dits amb una grapadora. El petit, en contra del que poden creure les ànimes sensibles, es pixava de riure i el seu pare, animat, va fer-li escriure la seva carta. Com cada any demanava una Harley-Davidson i va ensenyar al menor d'edat a escriure correctament la marca de la moto sense ni una errada ortogràfica mentre jo anava sentint: «Amb i grega, Harley s'escriu amb i grega, recorda-ho per a tota la vida, fill».

Sí, els meus fills tenen un pare amb sentit de l'humor, que quan aprenien a parlar i els progenitors dels altres nens els ensenyaven a pronunciar *gos, cadira* o *poma,* ell els feia dir *Australopithecus, ornitorinc* o *exquisit.* Que els ha ensenyat la cantarella que m'han de deixar anar quan torno d'un cap de setmana fora i els pregunto què han menjat: «Peix, fruita i verdura cada dia, mama!», i que després obliden per explicar-me els frankfurts i les hamburgueses que han endrapat per tot Barcelona, comandats pel seu progenitor.

Un pare que té el do de dur-los a llocs on passen coses. Com la visita que van fer a un parc per jugar amb uns amics, on van poder admirar, a distància prudencial, una batalla campal entre famílies que feien un pícnic i que va acabar amb estossinades amb pals mentre els deia: «Veieu, fills meus, això és el que no heu de fer mai, dur pals als pícnics». I dies després de l'intensiu de festes i fills, el vaig observar de reüll i no vaig ser capaç de detectar-li ni un cabell blanc de més, ni una arruga, res. Les dues setmanes amb fills amunt i avall no el van perjudicar ni un gram, al contrari. És evident que no estem fets de la mateixa pasta. Heus aquí la gràcia del nostre equip.

9.2. MODEL: TONY SOPRANO

Hi ha vegades que l'aprenentatge d'altres estils educatius es troba en els llocs més insospitats, i no precisament entre la família, ni entre el veïnat, sinó a una sèrie sobre mafiosos com *The Sopranos.*

Anthony Soprano, protagonista absolut de la sèrie que va ser interpretat magistralment per James Gandolfini (en pau descansi), pot semblar un pare atípic només perquè té un ofici tan peculiar com el de mafiós, però no, us asseguro que l'home pateix els mateixos tràngols de pitjor pare del món que tu i que jo. És gratificant i alhora desconcertant descobrir un home amb tantes coses en comú amb nosaltres. Un home que malgrat les desavinences amb els fills, els avatars de la vida familiar i tots els embolics i misèries, s'estima els fills fins a arribar a matar per ells... La diferència és que aquesta darrera frase jo me la prenc en sentit figurat i el gran Tony no.

En el capítol 5 de la primera temporada, titulat «College» (escrit per James Manos Jr. i David Chase i dirigida per Allen Coulter), el Tony es veu obligat a treballar en hores que hauria de dedicar a la família, us sona el tema? El capítol narra el viatge que fan el Tony i la seva filla Meadow per unes quantes universitats per triar la millor. Però fer de pare no és fàcil, ho sap el Tony, ho sé jo i ho saben milions de persones.

1A LLIÇÓ: PER MOLT CAPO QUE SIGUIS ELS TEUS FILLS SEMPRE ET SORPRENDRAN

Al principi del capítol el Tony ha de superar una escena d'aquelles de xerrada íntima al cotxe que comença amb la pregunta següent: «Papa, tu ets de la màfia?». El Tony activa el pilot automàtic de pitjor pare del món i ho nega. La Meadow activa el pilot automàtic de filla i insisteix i el Tony, com tots els pitjors pares del món, és dèbil, i li explica una mitja veritat, que part dels seus ingressos provenen del joc il·legal. La Meadow es mostra encantada perquè als seus amics els dóna morbo i perquè saber que el seu pare és sincer li fa sentir que tots dos tenen una relació especial. El Tony somriu desconcertat, en la seva mirada llegim aquells pensaments contradictoris que ens resulten tan familiars: «Qui t'entengui que et compri» i «T'estimo, filla, ets la millor del món». Ah, quina alegria veure que per molt mafiós que siguis la teva filla sempre et sorprèn.

2A LLIÇÓ: QUAN PER CASUALITAT L'ENCERTES, CALLA

Però al final de la conversa el Tony no pot suportar que la seva filla sàpiga la seva autèntica dedicació i rectifica dient-li que també té molts ingressos de base legal. Esclar, la filla li veu el llautó i l'engega a fregir espàrrecs. Ai, que maco que hauria estat amb la boca tancada.

3A LLIÇÓ: QUAN PRIORITZES LA FEINA PER SOBRE DE LA FAMÍLIA, PREPARA UNA BONA CAFETERA

Al pobre home la feina se li acumula. S'atura per posar gasolina i aprofita per trucar a l'amant, després a la dona (la vida familiar pot ser complicada) i és llavors quan la feina l'atrapa perquè reconeix un home a la gasolinera, un antic mafiós que s'ha passat a l'altra banda, que s'ha convertit en un delator de la policia, i el Tony surt cagant llets amb el cotxe per perseguir-lo. Però el perd de vista i no serà fins a la nit que tornarà a posar-se a buscar-lo. Du la filla a sopar a un restaurant i així que pot l'aparca amb unes amigues i s'escapoleix. I què fa? Doncs el que li toca, localitzar el pollastre xerraire, trucar al seu ajudant perquè li confirmi la matrícula del cotxe del delator... En resum, feina, feina, feina. I passa el que havia de passar, que quan recull la filla se la troba completament borratxa i pare i filla passen la nit del lloro.

4A LLIÇÓ: SI FAS DUES COSES ALHORA, COM A MÍNIM QUE UNA ET SURTI BÉ

L'endemà el Tony ho fa millor. Deixa la Meadow visitant universitats i s'inventa una nova excusa per tornar a tocar el dos. Li ha quedat feina per fer, i mentre la filla visita *colleges*, el Tony aprofita per estrangular el delator. El Tony és un mafiós estressat i un pare de família mediocre, però per sobre de tot és un professional. Així que enllesteix la feina, au, vinga a agafar el cotxe, torna a recollir la mossa, i som-hi cap a una altra visita universitària. Buf, no és gens estrany que amb aquest ritme de vida el personatge s'hagi de sotmetre a teràpia amb l'excel·lent doctora Melfi. Però el canari ja no cantarà mai més. La feina ben feta no té fronteres.

5A LLIÇÓ: QUAN ELS TEUS FILLS NO PUGUIN ASSUMIR LA VERITAT, MENTEIX

Què és més difícil, matar un delator o acontentar una filla? Això segon, evidentment. Dins del cotxe, de camí cap a una nova universitat la Meadow sembla que lliga caps. Li veu sang a les mans i fang a les sabates, i recorda que el pare ha fet trucades estranyes... per sort el Tony ho nega tot, tot i tot i s'endú la sorpresa de la seva vida. La Meadow, malgrat veure que el seu pare menteix, malgrat intuir el que ha fet el seu progenitor, li diu: «Papa, t'estimo».

6A LLIÇÓ: NO T'AVERGONYEIXIS DE LA TEVA FEINA

O sigui que pares i mares pitjors del món, encara hi ha esperança. Si a Tony Soprano la seva filla se l'estima tal com és, nosaltres no cal que patim. Malgrat exercir oficis tan indignes com el de guionista o el d'escriptora, els nostres fills i filles és molt possible que no s'avergonyeixin de nosaltres i que, molt probablement, se sentin d'allò més orgullosos! Gràcies, Tony!

7A LLIÇÓ: QUAN MARXIS DE VIATGE, NO VULGUIS SABER QUÈ HA PASSAT A CASA

Nota: i mentrestant, a casa, la mare, la Carmela, passa la nit amb el pare Phil, un jove i guapo capellà que no deixa de menjar pasta, beure vi, escoltar-la en confessió, donar-li la comunió, veure vídeos, mirar-la de forma lasciva... I el fill petit on és? A casa els veïns jugant a videojocs, com és lògic. Com podeu comprovar, una família propera i entranyable.

9.3. MODEL: LES AMIGUES. I ELS AMICS, TAMBÉ

Podria ser políticament correcta i parlar d'amics, així, en genèric, però no em dóna la gana. Sobretot perquè els amics masculins tenen menys tendència a explicar-te les penes amb els fills. T'expliquen altres coses, però l'exasperació extrema per un MEC que s'ha plantat i fa quatre dies que s'alimenta de patates fregides i romesco acostuma a arribar-me per la via femenina. Però aquest tampoc és motiu per descartar-los en l'apartat copia-enganxa consells i maneres. D'ells acostumo a robar-ne el *know-how*, les maneres de fabricar estats d'ànims propicis dins d'una llar. Així que, en aquest cas, em salto la gramàtica i distingiré entre amics i amigues.

No descobriré cap misteri quan parli de les reunions demiúrgiques d'amigues al voltant d'una taula. Allò que a casa resumeixo dient que anem a sopar. Trobades que poden semblar tenyides de tuf de tòpic per a un ull escèptic. Allà les amigues m'escolten i cada vegada que els explico algun desastre domèstic assenteixen amb el cap, comprensives, o, encara millor, es foten un fart de riure, i amb aquest riure em donen la raó quan penso que hi ha coses que només em passen a mi. Elles saben que és així i no tenen la indelicadesa de discutir-m'ho.

No totes formen part d'un mateix grup. N'hi ha diversos, perquè les dones tenim aquesta tendència estranya a agrupar-nos. Però de tots n'aprenc, i molt, com per exemple: a desmuntar el contuberni de la perfecció. Descobreixo que a tot arreu hi ha gent que envia les criatures amb dècimes a l'escola després de xutar-les amb líquid rosa o taronja per no saltar-se una reunió important. He acabat abraçada amb una amiga que treballa al món editorial després de confessar-nos que els nostres díscols MEC eren immunes als encants de la lectura, malgrat les mil i una estratègies que havíem aplicat. I fins i tot aquella adolescent modèlica és desemmascarada per la seva progenitora com una MEC torracollons qualsevol. Sí, perquè els MEC són especialistes a mostrar-se dolços, amables i col·laboradors... amb qualsevol progenitor que no sigui el seu. I sense aquest destapament de misèries les nostres ganes de sortir de l'armari de la imperfecció podrien quedar crionitzades eternament.

També hi ha l'aprenentatge de tècniques sofisticades. Com aquella amiga que amenaça les seves filles a servir cada dia el mateix tipus de verdura si alguna d'elles presenta esmenes a la totalitat del menú. O la que em va ensenyar una de les meves frases favorites: «Mira, fill, tens molt mala sort perquè t'he tocat jo com a mare i...» (a partir d'aquí es pot afegir el que es vulgui: no tindràs un smartphone, tres consoles, sortides nocturnes, roba idiota de marca...). No és l'única frase que he robat. D'una altra vaig plagiar la conversa amb els germans petits davant l'adveniment de l'adolescència de la gran: «Fills meus, a partir d'ara hem de tenir molta paciència amb ella, i no fotre-li ni cas». I també va ser una amiga la que em va obrir els ulls sobre les capacitats dels MEC de dur a terme determinades tasques domèstiques de segon nivell. I la que em va explicar que deixar una nota escrita amb tot allò que han de fer i després tocar el dos resulta quirúrgic i eficaç. No m'estranya que els MEC tremolin cada vegada que anuncio que vaig a sopar amb altres mares. Saben que tornaré d'aquells sopars-Wikileaks amb informació privilegiada i altament perillosa per a la seva seguretat.

Dels pares, en canvi, n'aprenc, en general, a tenir més paciència i més sentit del joc. Que una bona sessió de lluita lliure a la catifa exorcitza molta mala llet. I de passada fa recordar al nen qui mana a casa. Que el desordre, mentre la casa no tingui l'aspecte d'una parada friqui dels Encants, no és tan horrible. I que menjar durant una setmana seguida aliments políticament incorrectes de vegades és l'única opció. Ah, i que oblidar-se d'alguna cosa, important o no, no provoca tsunamis, ni tempestes tropicals, ni malvestats, ni plagues bíbliques perquè és, senzillament, un defecte humà.

9.4. MODEL: LA FAMÍLIA

Quan m'emprenyo i la cara se'm tenyeix d'un vermell tomàquet transgènic sé que l'esperit de la meva temible besàvia Magdalena m'acaba de posseir. La dona és un mite familiar. Admirada i temuda, sempre hi ha hagut certa curiositat per saber quina de les seves descendents hauria heretat el seu caràcter fort i implacable, a l'estil dels lames buscant infants amb esperits reencarnats. I tot i que no he estat jo l'escollida per reviure aquella dona que va casar-se per poders i va reunir-se amb el seu marit a l'Argentina, travessant l'Atlàntic sola dalt d'un vaixell a principis de segle, en tinc algun rampell.

No sóc l'única. La meva mare també. Si no, com hauria tirat endavant una família amb set fills sense perdre un gram de salut mental? De la besàvia Magdalena (jo sense haver-la pogut conèixer en persona) vam aprendre que tot és possible si t'arremangues i et deixes de punyetes. Un exemple que el meu pare i la meva mare van seguir per mantenir a ratlla el grup caòtic, rebentista i mediterrani que conformàvem els meus germans i jo. No hi havia gaire silenci, a casa meva. Érem germans especialistes en bromes pesades, a robar material escolar dels calaixos dels altres germans, en ocultació de dades, sedició i destrucció de béns mobles i béns immobles. I els nostres progenitors, malgrat tot, van ser capaços de revisar-nos les agendes escolars cada dia, d'imposar-nos horaris estrictes, de fer-nos pencar i tants altres miracles que haurien entendrit la ferrenya Magdalena.

Però formar part d'una família gran, extensa, té molts avantatges. Sobretot si ets la sisena de set germans. Quan només era una filla, d'una forma natural i espontània, sense saber-ho, vaig aplicar el mètode científic: observar, prendre notes, treure conclusions, tirar endavant accions coherents amb les conclusions, valorar si les accions havien tingut èxit i, en cas negatiu, pensar-ne i executar-ne d'altres. El mètode es va mostrar eficaç per tot el que tenia a veure amb els horaris de tornada a casa, amb el meu temps lliure, les amistats i tot allò susceptible de generar conflictes intergeneracionals.

I ara, com a progenitora, segueixo el mateix sistema. Observo i pregunto, investigo i contrasto opinions i estratègies sobre l'edat adequada per tenir un mòbil, les sortides nocturnes i com remuntar un expedient acadèmic lamentable. Els MEC, empipats i ressentits, de vegades s'exclamen: «Què passa, que perquè ho faci la tieta tu has de fer el mateix? No tens personalitat!». No els escolto. Seria de ximples no aprofitar els avantatges d'una família com la meva. Ara, aquells germans perepunyetes i torracollons ens hem convertit en adults que s'estimen (de petits també ens estimàvem, i molt, però era un estimar-se i atonyinar-se en fases saltejades). Per això quan els MEC es barallen, delaten i burxen recordo les lluites intestines que hi havia entre els meus germans quan érem petits i la relació que tenim ara i em tranquil·litzo.

Però també sospito que la meva experiència psicotròpica com a progenitora no és més que un acte de justícia poètica del destí amb els meus pares. Una venjança del passat que assumeixo amb esportivitat i sentit de l'humor. Perquè, si és així, arribarà un dia que els MEC seran pares i jo seuré en una butaca i somriuré sota el nas quan senti i vegi segons què. He, he, he...

9.5. MODEL: ALLÒ QUE VAIG VEURE A LA TELE I AL CINE

Vaig néixer l'any 1969, cosa que vol dir que la meva infantesa va ser televisiva. Només hi havia dues cadenes, i el que per a un *Adolescentis comunis* pot semblar un infern per a nosaltres era el més normal del món. A més, tot el que s'hi emetia prenia una rellevància màxima. Tu deies: «Vas veure ahir la tele?», i no havies de perdre el temps aclarint quina cadena, ni si era per internet o pel mòbil o pel colador dels espaguetis. El dia que la Clara, l'amiga paralítica de la Heidi, es va aixecar de la cadira, els nens de la meva generació ens vam commoure alhora. O vam exclamar alhora: «Es veia venir que la fleuma aquesta es curaria». I massa vegades he pensat que tot el que vaig empassar-me per la via catòdica explica bastant en què m'he convertit. Aquí en teniu alguns exemples.

De fet, el carallotisme que experimenten en algun moment els MEC no em sorprèn. Em vaig passar mesos sentint cantar un nen: «No te vayas, mamá, no te vayas de aquí...» i de sobte l'element deixava anar un «Adiós, mamá, pensaré mucho en ti». Era el Marco, un marrec italià que, segurament penedit per haver-se acomiadat d'aquella manera de la seva progenitora, es passava mitja vida recorrent el planeta buscant-la. El personatge, basat en el llibre italià *Cuore* d'Edmundo de Amicis, era llepa, ensucrat i pilota. I el que més recordo d'ell era la seva insofrible manera de plorar.

Un any o dos abans una nena molt semblant també havia colonitzat la pantalla, però mira, aquesta em queia una mica bé. També tenia bastanta tirada al caràcter ensucrat tirant a diabètic, però era un personatge més positiu... fins i tot massa, que havia de patir la gran, incommensurable i sempre incompresa senyoreta Rottenmeier. Però també la pesada de la seva amiga Clara. La Heidi va ser la primera figura de ficció televisiva que vivia sense pares. Ella ho feia amb un avi de posat ferreny, que per dins devia preguntar-se quin delicte havia comès per merèixer aquella criatura d'un positivisme esgotador. Però tot plegat tenia l'aire d'una família àcrata.

Però la reina de la subversió no va ser altra que la Pippi Langstrump, a qui encara reso per les nits perquè ajudi els MEC a convertir-se en persones autònomes amb criteri propi. Sé que l'esperit de la Pippi és amb mi quan ignoro els crits llastimosos dels MEC perquè els ajudi a fer coses que poden fer sols. I quan simulo que no m'he adonat del seu lament victimista davant de qualsevol adversitat petita i absurda. Ella vivia amb alegria i decisió qualsevol problema, com la persecució de dos policies abstrusos, era driblat amb bon humor i intel·ligència. Sí, a ella reso, sí, també, quan el meu Doctor Jekyll maternal apareix malhumorat i feréstec.

Però no tot van ser sèries infantils. L'emperador Claudi (llavors en versió castellana) també va obrir portes inspiradores. L'estratègia GM (vegeu la pàg. 55), dit altrament fer-se la tonta, no és altra cosa que el que va fer el quec del Claudi. Una forma de sobreviure entre sanguinaris romans o temibles i ardits MEC.

I el que de debò vaig retenir a la memòria va ser que els menors d'edat, pel fet de ser-ho, no érem idiotes a qui un Torrebruno qualsevol ens pogués tractar de *chavales* i quedar-se tan ample. Per què aquell home espantós era anomenat «el amigo de los niños»? A mi se m'apareixia en tots els malsons, cantant amb rodolins aberrants, vestit amb una americana de colors cridaners amb solapes fins als genolls... La diferència de tracte que ens oferia *Terra d'escudella* era abismal... Torrebruno, però, ha fet fortuna. Hi ha deixebles seus als parcs infantils. Els meus fills els diuen «motivats» i jo... en fi, no ho diré. Només de veure'ls et puja l'índex glucèmic de tanta cursileria, ofec i paternalisme (o maternalisme).

De totes maneres, la meva generació encara no ha superat la frase pronunciada pel doblador Constantino Romero en boca de Darth Vader: «Luke, yo soy tu padre», i la cara de terror del pobre noi. Jo tenia deu anys però vaig entendre a la perfecció amb aquella mítica escena que les relacions intergeneracionals no són senzilles, ni a Barcelona, ni a l'*Estrella de la Mort*. I que, de vegades, qui millor t'entén és algú molt pelut que parla un idioma incomprensible.

9.6. MODEL: ALLÒ QUE VAIG LLEGIR

A casa meva es llegia. Ara també, però ha perdut el caràcter d'activitat clanicocol·lectiva que t'atorgava un lloc entre la casta superior dels lectors. Érem així de repel·lents i classistes, a la nostra família. Tampoc és que llegíssim Schopenhauer (bé, el meu germà gran, l'Àlfred, el *capo dei capi* dels repel·lents, sí), perquè el més sol·licitat eren els llibres de Tintín i els d'Astèrix i Obèlix, però estic convençuda que les lectures, igual que el cine i la televisió, van nodrir el futur manual d'instruccions de futura pitjor mare del món i d'uns quants molts personatges en vaig treure grans lliçons.

Del capità Haddock, el poder del renec, tan eficaç en segons quines circumstàncies. Del Tintín, la capacitat d'observació, la valentia i la perspicàcia, tres elements clau per descobrir misteris a tort i a dret, i també per conviure amb *Adolescentis comunis*. De l'Obèlix, l'admiració per la bellesa d'un element tan inútil com els menhirs, i qui diu menhirs, diu manualitats escolars. De l'Assuracetúrix, la capacitat de no tenir por del ridícul a cop de cançó desafinada, una habilitat social molt útil quan em rota per ballar o fer el pallasso i un MEC prova infructuosament de renyar-me. De l'Astèrix que, de vegades, només hi una solució contundent. De l'Anacleto, *agente secreto*, que l'exili al desert del Gobi és temible, o al lavabo, o a l'habitació... De Trece Rue del Percebe que la vida és més semblant al que es planteja al seu edifici que als contes cursis. Dels Barrufets, que sempre hi haurà un Gargamel disposat a espatllar-te el dia amb alguna obsessió materialista: fer servir un barrufet per elaborar la pedra filosofal, exigir un smartphone, el nou videojoc de moda... Del bruixot Ot, que de vegades no calen les paraules per fer entendre que l'habitació CAL endreçar-la. Dels *Contes per telèfon*, de Gianni Rodari, que el futur estava en les comunicacions. Dels contes d'Andersen, que la fantasia ho pot tot, fins i tot convertir unes ulleres amb el vidre guixat misteriosament amb retoladors en l'acció perversa d'un marcià que passava per allà. L'*Alícia en terra de meravelles*, al capítol de la reina escapçadora, ha resultat una visió futurista del que sóc jo alguns vespres davant determinades situacions. En Jim Botó i Lluc el Maquinista, que viatjaven per mar dins una locomotora, representen l'esperança que algun dia dos germans poden arribar a conviure en una habitació. Algun dia. El professor Bacterio em ve a la memòria, cada dia, quan un dels MEC prova de determinar les característiques de les begudes gasoses barrejades amb qualsevol (insisteixo, qualsevol) matèria orgànica a l'abast. El Peret de la Lola Anglada, que no volia anar a escola és... vaja, la rutina d'algun dels MEC. La versió de *Hansel i Gretel* publicada a l'Infantil, amb una reunió de bruixes internacionals, sóc jo amb qualsevol dels meus grups d'amigues xerrant sobre l'intent absurd de tenir una casa endreçada. I Charlie, el de la fàbrica de xocolata, el noi que buscava el paperet daurat dins una rajola de xocolata, és la pura encarnació dels MEC a la recerca del cromo de Messi, o de la carta amb el monstre amb més poder destructor. Però el que m'ha impressionat més ha estat reobrir uns vells llibres i descobrir que tinc una Mafalda (llenguallarga i punyent, combativa i apassionada), un Felipe (verbalment brillant, amb un toc nihilista, algú que no troba mai el moment de fer els deures) i un Guille (innocent, capaç de guixar totes les parets de casa o qualsevol altra malvestat empès per la seva curiositat, un personatge amb llum pròpia).

EXERCICIS DE REPÀS: MUNTA UNA FESTA

1.

Fes una llista de personatges d'anomenada mundial i enumera els aprenentatges que en pots extreure com a progenitora. Per exemple: Mikhaïl Gorbatxov, la formiga atòmica, Joan Serrallonga, Atena.

2.

Tria una persona propera a tu i que tingui un estil educatiu copiable i durant una setmana sigues la seva ombra. Espia'l. Insereix micros a un gerro del seu menjador. Suborna un dels seus MEC perquè instal·li una càmera oculta a la cuina. Escola't al pis de la veïna i enganxa l'orella a la paret per sentir com s'ho fa perquè se'n vagin al llit abans de les dotze. Disfressa't d'enquestador i fes-los una enquesta sobre hàbits familiars. Fes el que calgui però descobreix el seu secret.

3.

Jeu al sofà i enreda un dels teus MEC per jugar al joc del doctor Freud tafaner. T'ha de preguntar sobre el teu passat i les teves influències a l'hora d'educar. Com més preguntes et faci més xiclets aconseguirà. Si s'avorreix ofereix-li el doble de xiclets. Si s'adorm se'l penalitza amb menys cinc xiclets.

EN AQUESTA LLIÇÓ HEM APRÈS... UI, DE TOT

Una lliçó d'humilitat imprescindible per accedir a la fase final del procés de renaixement que estem duent a terme. És complicat i dolorós però cal afrontar la realitat i pronunciar en veu alta les paraules: «Jo no tinc tota la veritat (només una mica)». Una altra variable seria la frase: «La veritat també és a fora». Sí, progenitores en fase d'oblidar la personalitat perfecta, després de superar la lliçó 9 ja no en queda cap dubte, hi ha altres persones, fins i tot personatges, que ens poden oferir carretades de saviesa aprofitable. Que només cal que la prenem i en traiem profit per descarregar les nostres espatlles de la responsabilitat mundial de tenir una visió única del món. Mira tu que senzill.

LLIÇÓ 10

RIURÀS UNA VEGADA AL DIA, COM A MÍNIM, SI POT SER, DE TU MATEIXA

PROBLEMA: L'ABSÈNCIA DE SENTIT DE L'HUMOR ATACA EL SISTEMA IMMUNITARI, PROVOCA RETENCIÓ DE LÍQUIDS I SUOR DE PEUS

Les persones sense sentit de l'humor em fan por. Si algun dia em lloguessin per detectar psicòpates buscaria persones a qui tot els fa molta gràcia excepte fotre's d'ells mateixos. De fet, un dels símptomes més preocupants de perfecció aguda són les poques ganes de veure's una mateixa com una entitat ridícula. Quan em vaig adonar que em molestava que els MEC m'imitessin com uns bons aprenents de Carlos Latre vaig saber que no anava bé, gens bé.

No faré aquí una elegia dels beneficis i les alegries que aporta l'humor i el riure, només puc explicar la meva experiència. Que riure'm de mi mateixa m'ha salvat de convertir-me en la Reina de Cors (o d'Espases, segons la versió) d'*Alícia en terra de meravelles*. Aquella dona cridanera amb una sola voluntat: escapçar tot aquell que tingués al davant. Lewis Carroll devia recordar la seva mare trastocada pel caos infantil quan va descriure la Reina. N'estic convençuda, tot i que m'ho acabo d'inventar.

Hi ha hagut vegades que no he pogut riure'm de mi immediatament. Ha calgut que passés un cert temps. Potser tan sols un dia, i no ha fet falta que el tema que m'havia provocat morros de pam hagués estat gaire greu, o que ja el tingués solucionat. Només ha passat temps i prou. Llavors ja he pogut esmolar el teclat i escriure sobre el nivell d'aguts als quals arribo quan crido, un nivell que tornaria verda d'enveja la mateixa Callas. O he pogut confessar-me a mi mateixa que sí, sóc especialista que em passin coses ultraterrenals, com no poder treure un MEC massa crescut de la cadireta del carretó del súper i acabar exhortant el nen a imitar Houdini.

En aquest capítol no et proposaré solucions cas per cas, tan sols una de general. Obliga't a riure't de les teves espifiades, de la teva vida i de la teva manera de ser un cop al dia. Riu i mentre rius crema la mala llet, el perfeccionisme i alguna caloria (si pot ser d'aquelles zones especialment rebels). Riu, riu, que el món s'acaba.

CASOS PRÀCTICS

10.1. SI JO FOS LA MILLOR MARE DEL MÓN

Quan començava el blog «La pitjor mare del món» a l'espai Criatures.cat, l'embrió del que serien els articles, i ara aquest llibre, vaig sotmetre'm a l'exercici que us he proposat a l'inici d'aquestes pàgines. I vaig rumiar sobre com seria la meva vida si jo, en lloc de ser un desastre maternal amb potes, fos la millor mare del món. Aquí us deixo el resultat.

La demostració

Si jo fos la millor mare del món, en lloc d'un blog que actualitzo quan puc hauria creat una pàgina web disponible en quatre idiomes, amb seccions útils, i fòrums, i un curs *online* amb diploma i tot. Tindria patrocinadors i esdevindria una Oprah Winfrey de la maternitat empàtica, responsable, transversal i lluminosa tirant a fluorescent. Em convidarien a xerrades i totes les AMPA del món subornarien la meva agent perquè pogués arribar-me fins a la seva escola. Perquè amb l'agenda tan plena necessitaria un assistent que m'organitzés la vida, els viatges amunt i avall escampant la bona nova, i promocionant l'enciclopèdia de la MMM (millor mare del món) en versió iPad i actualitzacions mensuals. El programa de televisió no trigaria a arribar. I vendria el format a les cadenes d'arreu però cap presentadora resultaria tan convincent com jo, perquè jo no seria una cara que parla i que actua i que alliçona, alhora que conforta, jo seria l'autèntica, la inigualable, la inimitable millor mare del món. I em concedirien la Creu de Sant Jordi cada vegada que canviés el partit que governa. I a tothom li semblaria fantàstic que la tingués repetida, perquè m'ho mereixeria. I farien una pel·li sobre la meva vida, i renunciaria a fer jo mateixa el guió a favor de l'Aaron Sorkin, el guionista de *The west wing* i *The social network*, perquè seria així de generosa. I quan l'Aaron guanyés l'Oscar, el Goya i el Gaudí me'ls dedicaria a mi. I sortiria a les fotos al seu costat amb aquell vestit que no deixa respirar però que aconsegueix un cutis blanc i impecable.

I quan arribés a casa després d'una gira de sis mesos, les meves filles em confondrien amb la típica estafadora que et vol fer canviar de companyia elèctrica sense que te n'adonis i em tancarien la porta als morros. I em sentiria satisfeta perquè hauria criat unes nenes amb capacitat de defensar aferrissadament els seus drets civils. I tant se me'n fotria que no pogués entrar a casa perquè com que guanyaria més pasta que tots els expresidents del govern junts hauria contractat la millor cangur del món per tenir-ne cura. Giraria cua, i m'instal·laria a la suite de l'hotel de sis estrelles, hi viuria com una reina i de tant en tant sortiria a la terrassa i el vent, o un ventilador oportú, em pentinaria els cabells mentre jo miraria les fotos de carnet de les nenes, desconcertada, dubtant, incapaç de recordar si la Carme és la rossa, o potser ho és la Mireia i la Laia és la que té pigues.

10.2. DESPROPÒSITS DE CAP D'ANY

Riure sola està bé, però no hi ha res com riure en companyia d'algú que coneix al detall tot allò que amaguen aquelles riallades. Tinc sort i gaudeixo d'amistats amb qui puc riure i desfogar-me de gust. Tinc un grup d'amigues de penes i alegries que ens hem batejat amb l'enganyós nom de «Les pendones» només perquè sortim a sopar, al cine, i a viatjar de tant en tant (que ningú pensi el que no tenim temps de ser). Són amigues a qui vaig demanar un favor, que m'ajudessin a redactar un article. Al restaurant encara ens recorden. Som aquelles que reien, cridaven i escrivien. Elles van ser el meu sant sanedrí.

La demostració

Ho confesso, jo també he celebrat cerimònies cursis de bons propòsits de Cap d'Any. I he pensat que escriure «Aprendré punt de creu» en un paperet, cremar-lo i brindar faria que, l'endemà, per art de màgia (o l'altre, que el dia 1 sempre estem tocats), pogués brodar una labor amb la imatge del pantocràtor de Taüll. I no. La màgia devia estar caducada. O el cava. O jo. Amb les cursileries, l'excés de sucre combinat amb l'àcid de la mala llet que es desencadena quan cap dels propòsits es compleix fa que tot caduqui més ràpid.

Per evitar trasbalsos el millor és fer llistes de despropòsits anuals i estalviar-se la cerimònia. Un despropòsit és una paraula o fet fora de lloc, inconvenient, que molesta. No cal dir que en això jo hi tinc la mà trencada, especialment a casa. Però no en sóc l'única. Per elaborar la llista d'aquest any he tingut la inestimable col·laboració del meu sant sanedrí particular, un grup d'expertes en menors d'edat (i una mica més) en situacions torracollòniques. Les expertes cobreixen totes les edats, gèneres i condicions (bessons inclosos) perquè ningú pugui sentir-se poc representat. El sant sanedrí es va reunir en un sopar gens sant i entre totes va anar sorgint un doll de despropòsits, tots amb el mateix objectiu: anul·lar el propòsit general dels menors d'edat que tenim a càrrec: la sedició.

Som-hi: promoure una iniciativa popular perquè s'aprovi una llei que forci els ciutadans de divuit anys a abandonar el domicili patern/matern; va, amb una pròrroga de dos anys. Als vint, tots fora i a espavilar-se. Anul·lar la subscripció a l'empresa de fumigació i desinfecció d'habitacions d'adolescents i deixar que la natura segueixi el seu curs. Adquirir aquells cascos aïllants de l'orella amb què treballa el Quim Monzó, aquells per no sentir ni la caiguda d'un avió al pati de casa, i posar-nos-els especialment a primera hora, quan el lament «Ai, que no arribo, mama» es converteix en un mantra. Com deia el Laporta, que n'aprenguin! Per la revetlla de Sant Joan, fer una foguera grossa i ufanosa amb els milions de mitjons que es resisteixen a ser aparellats. I aplaudir quan s'hagin consumit. Proposar a la Generalitat que inclogui l'ecosistema de dins les motxilles escolars que es resisteixen a ser rentades dins del seu Pla de Protecció d'Espais Naturals.

En aquell moment els «Visca!», els «Sí, sí, sí!» i els «Oé, oé, oé, oé!» trencaven el silenci del petit restaurant on vam reunir-nos. Crits llançats pels comensals de la resta de taules, que prenien apunts en boli i en iPad i ens aplaudien. Així que vam continuar: en lloc de practicar el salt d'obstacles amb els objectes abandonats pel terra de casa, apuntar-nos a un esport més lluït, el bàsquet. La cistella, esclar, serà el cubell de la brossa. Segur que se'ns acaben els partits al cap de dos dies. Inscriure'ls en un curset de formació per a treballador de la neteja de spas urbans, perquè treguin profit del seu desfici de gastar tovallola diària. Fer un dejú desintoxicant i controlat mèdicament abans de tornar a parar taula quan l'haurien de parar... ells. I pel mateix motiu, apuntar-nos al carro del naturisme abans de fer, estendre i plegar una rentadora, quan els que ho haurien de fer són, un altre cop, ells. La llista podria haver estat més llarga, però el senyor del restaurant havia de plegar i ens vam reprimir. Bon any nou a tothom... i que es calcin!

10.3. MENTIDES PODRIDES

Un dia me'n vaig afartar. N'estava fins a les aixelles de sentir tòpics, mentides i boles descarades sobre la maternitat i la vida amb MEC. La via fàcil hauria estat empipar-me com una mona però vaig recordar el meu manament, vaig donar-li la volta i vaig deixar anar tota la rastellera de falsedats amb la sana intenció de, per una vegada, fotre'm dels que les diuen i de la meva vida petita, miserable i terrenal. Les vaig deixar anar totes, o gairebé, i quan vaig acabar em vaig quedar tranquil·la, relaxada i feliç.

La demostració

Les nenes són més tranquil·les que els nens (si els dónes llet amb valeriana?). Els germans que es porten poc temps juguen plegats (a segrestar-se, a fotre's el dit a l'ull, a atracar-se...). Si els ofereixes un menjar que no els agrada servit de maneres diferents l'acaben acceptant (mentre no sigui de color verd ni visqui a l'aigua). El mètode Estivill funciona (cert; per trastornar pares i mares no he conegut cap mètode més eficaç). El mètode Estivill no funciona (sobretot amb un pare sabotejador, una mare fleuma i un menor d'edat amb més ganes de tocar la pera que la prima de risc).

Ui, si són petits encara, el pitjor és quan arriben a l'adolescència (ah, sí? I la lumbàlgia crònica? I el desgast físic comparable a córrer una marató per setmana? I l'etapa del no? I l'etapa del per què? I les enrabiades que, a sobre, no es poden ni atribuir a les hormones?). Donar el pit aprima (encara estic esperant els efectes aprimadors retroactius, però no arriben, tu, no arriben). L'olor de la mare calma el nadó (a les quatre de la matinada... MAI). Hi ha un dia que descobreixen la lectura i s'hi llancen (de cap a qualsevol altra activitat). L'any que ve farà el clic i madurarà (acceptem-ho, hi ha nens que són fruites de càmera frigorífica i la maduració la tenen congelada). Si la sabata li va una mica gran posi-li un mitjó gruixut i ja li anirà bé (perquè se li escaldufi el peu i que a la pell li emergeixi un vermell diabòlic). En aquesta família ja no es veu més la tele! (merda, demà juga el Barça). A casa no tenim tele (parlem amb propietat: no hi ha aparell que reprodueix el senyal digital terrestre, però sí una bonica connexió de banda ampla o, encara millor, de fibra òptica que ens permet veure teles a la carta les vint-i-quatre hores en qualsevol dels quatre ordinadors que hi ha a la llar).

A partir d'X mesos dormen d'una tirada (aquesta X mai coincideix amb la nostra X i l'equació acaba tenint unes variables difícils de resoldre). És només una fase, ja li passarà (advertència: aquesta frase fa que emergeixin els meus gairebé inexistents instints assassins). Cada nen té el seu ritme, ja n'aprendrà... (i si arribo a fer cas a la mestra encantada d'haver-se conegut que em va dir la frase, el menor d'edat m'arriba als divuit sense saber cordar-se els cordons, escriure amb lletra llegible i fer sumes portant-ne). L'edat dels sis als nou anys és la més dolça (al planeta Mercuri es veu que sí, que com que no hi ha atmosfera el so no es transmet i les queixes constants no arriben a les orelles dels progenitors, però al planeta Terra, NO). Ja veuràs que no es quedarà baixet, ja s'estirarà (sento comunicar a les persones benintencionades que el mètode científic del jasestirarà no ha sigut acceptat per l'OMS; si no hi ha un estudi sobre creixement de l'os, que la gent s'abstingui d'emetre opinions que poden generar falses expectatives o d'aquí a uns anys els passaré la minuta del terapeuta curatraumes).

Val més parir a l'estiu que viure la calor amb aquella panxa (i un rave!, donar pit cada dues hores és una modalitat de sauna mediterrània que no us recomano). Els nens aprenen per imitació (i llavors em pregunto: per què no endrecen, renten plats, estenen la roba i cusen les vores dels pantalons? Eh? Eh?). Els nens s'adapten a tot (aquesta sí que és veritat: s'adapten fins i tot a una mare que surt al diari amb ulleres de 3D; gràcies, fills).

10.4. MARES DE WINDOWS I PARES D'MS-DOS

A l'albir de la nostra civilització, ara fa uns trenta anys, els ordinadors personals es van començar a escampar per les llars del món occidental. No s'assemblaven gens als ordinadors d'avui. Els engegaves i t'apareixia una pantalla negra amb una C parpellejant. Calia escriure-hi una ordre i la màquina obeïa. Només una ordre. I quan acabaves n'entraves una altra. I anar fent. Aquesta manera de funcionar s'anomenava MS-DOS. Simultàniament, sant Steve Jobs i el seu amic Steve Wozniak van crear una altra manera de funcionar, el sistema Mac, que permetia fer moltes, moltes coses alhora a l'ordinador i anaves obrint finestres i més finestres, i au, vinga finestres. Era tan bonic que l'espavilat del Bill (Gates) ho va copiar, vull dir, adaptar, i va néixer el sistema Windows. I, a tots, aquest anar obrint finestres ens va semblar meravellós. I per què deixo anar aquesta pallissa històrica? Doncs per explicar que les mares som de Windows i els pares d'MS-DOS. I que ser de Windows pot ser més modern, però també més idiota.

La demostració

Les mares (i les dones que no ho són) tendim a fer tres coses alhora. Jo, per exemple, sóc capaç d'endreçar la farmaciola mentre penso en el tema de l'article de la setmana que ve i, alhora, faig llegir el més petit dels menors d'edat que tinc a càrrec. El pare de les criatures, no. Ell primer endreçaria la farmaciola. Encara que la casa es cremés. Encara que el termini de lliurament de l'article fos fa dos dies. Encara que el petit amenacés d'aprendre l'alfabet ciríl·lic i oblidar el nostre. I quan acabés, escriuria l'article (suposant que l'hagués d'escriure ell, que no és el cas). El petit seguiria empipat com una mona i ara, a més de l'amenaça inicial, n'afegiria una altra: inventar una aplicació per al mòbil que llegeixi sola perquè no calgués aprendre a llegir l'estúpid conte infantil que ha escrit la mama. Quan el pare de les criatures acabés d'escriure (repeteixo, en el supòsit que l'escrivís, que ningú pensi ara que rellogo l'article), llavors agafaria el petit indignat i el faria llegir. O ho intentaria. És a dir, jo duc instal·lat el sistema Windows i ell va amb MS-DOS.

Sempre havia pensat que anar obrint finestres i anar acumulant tasques de manera simultània estava molt bé. Que estava esgotada i atabalada però que era fantàstic tenir la capacitat paranormal d'arribar a tot arreu. Fins que, en llegir el llibre *El cerebro femenino* de la doctora Louann Brizendine, vaig veure la llum. La doctora qüestiona l'eficàcia i la bondat del sistema multitasca i defensa la manera seqüencial de funcionar dels ens masculins. De cop vaig visualitzar aquella vegada que, en sortir de l'escola, vaig tornar-me'n sola, oblidant el nen a qui havia anat a buscar. Tot per la punyetera mania de fer-ho tot en el mateix moment. I no cal.

El millor de ser la pitjor mare del món és que no cal ser perfecta. Així que s'ha acabat. Regalo el do de pa sucat amb oli de cosir, llegir i ballar claqué alhora. No puc més. Sé que als fills els costarà d'entendre que ara sóc com el pare i que quan cuini només podré... cuinar! I al pare de les criatures també li costarà una mica perquè haurà d'assumir part de les tasques múltiples que fins ara feia d'aquella manera tan ràpida i nefasta. I a mi mateixa em costarà adaptar-m'hi, ho admeto... però ho he de fer, pel bé de la meva salut mental i per la salut de la meva família. Ara mateix em desinstal·lo el meu sistema i m'instal·lo l'MS-DOS.

10.5. ESTIMATS REIS D'ORIENT

Fa uns anys que escric amb nou dits. Abans podia fer-ho amb deu, però un ridícul accident domèstic em va inutilitzar la sensibilitat del capciró del dit petit de la mà dreta. Això passava pocs dies abans de Reis, i vaig aprofitar l'avinentesa per escriure una carta a Ses Majestats, acusant-los d'un excés de sentit de l'humor.

La demostració

De bon rotllo, ja m'estan enviant el full de reclamacions. Em disposava a demanar-los més mà esquerra per fer que la suma de fills més sentit de l'humor no acabi donant sempre com a resultat un bon raig de mala llet, quan no sé què em va dur a la cuina (bé, sí que ho sé, fer el dinar, parar taula... aquestes coses) i patapam, vaig voler caçar al vol un plat que queia i em vaig fer un tall a la mà dreta. Mitja hora més tard vaig sortir del CAP amb la mà immobilitzada amb una fèrula i una abundant capa de benes.

Ses Majestats, quan jo demanava més mà esquerra no em referia al fet que la mà esquerra fos l'única que em quedés útil. I el desig tampoc valia perquè no era un desig sol·licitat per escrit i si no està escrit no val. La força mental és una qualitat dels cavallers Jedi, però no pas dels humans que fan llistes de Reis, i tampoc dels Reis d'Orient. Vostès tenen altres qualitats, com les d'aconseguir que els nens somiïn en el dia 6 i els pares en el dia 7, les d'alterar el sistema nerviós dels petits humans sense cap mena de droga, el do de la ubiqüitat la nit del dia 5 que tant contrasta amb la nul·la ubiqüitat dels humans l'endemà, embussats en carrers i carreteres, traginant regals amunt i avall...

Si us plau, recapacitin i facin el refotut favor de dur-me, si us plau, tones de paciència, milions d'hectòmetres de sentit de l'humor i un carregament d'energia extragigasize. Sí, ja ho sé, m'he portat fatal i no em mereixo altra cosa que la brometa que m'han fet, però sé que Ses Majestats saben el pa que s'hi dóna i tindran pietat de mi. I si no pot ser tot el que demano llavors desitjaria que em portessin, si els va bé, el joc de ganivets de cuina professional, amb trinxant inclòs... per cuinar, esclar.

La seva estimadíssima pitjor mare del món.

10.6. EL MONSTRUÓS CAS DE LA PATATA ONDULADA

A mi em passa de tot. Quan ho dic la gent somriu i em deixa anar frases que treuen importància a la meva afirmació. Creuen que dramatitzo, i no. A mi em passa de tot. Amb el temps he après a no sorprendre'm, a viure amb la certesa que criar tres MEC és una font inesgotable per a qualsevol escriptor de ciència-ficció (llàstima que sigui un gènere que jo no cultivi). De vegades, però, m'afarto que la gent no em prengui seriosament, i els explico el monstruós cas de la patata ondulada, i el curiós episodi de la barbeta lila. Llavors ho entenen tot.

La demostració

La gran es va llevar amb una erupció lila a la barbeta. Després de dissimular i fer veure que no ho veia, la menor d'edat hi va insistir tant que no em va quedar més remei que enfrontar-me al desconegut. En primer lloc li vaig preguntar si havia contactat a través d'internet amb éssers de l'espai delerosos d'inocular-li un virus. Amb marcians, vaja. Negatiu. La vaig acusar d'haver tastat el quilo de llaminadures que van ingerir els seus germans i els amics dels seus germans el dia abans. Negatiu, també. Tampoc no s'havia adormit amb el cap sobre la taula, pressionant la barbeta de forma que impedís la circulació de la sang... Un misteri. Vaig fer el ronsa un dia, vaig posar espelmetes a la verge de la mare infecta i res, l'endemà la barbeta insistia a lluir aquell moradet estrany, inquietant.

Algú que no sortís al diari calçat amb unes ulleres de 3D hauria corregut a les urgències de Sant Joan de Déu i hauria ingressat la menor d'edat sí o sí. Servidora no, perquè servidora ha vist de tot. La mateixa menor d'edat, per exemple, va ser la gran protagonista del monstruós cas de la patata ondulada. Tenia dos anys i la vaig deixar a la placeta amb el seu pare, mentre jo enfilava carrer Verdi amunt en companyia d'una amiga amb qui pensava anar als cines d'aquell mateix carrer. I quan estàvem a punt de comprar l'entrada el pare i la filla van aparèixer amb cara d'haver matat un gos de raça i no tenir diners per indemnitzar l'amo. La nena es tapava un ull amb la mà. «S'ha clavat una patata ondulada a l'ull». I així va ser. Va engrapar una patata, la va aguantar amb els dos dits de forma que el cantell va quedar en posició vertical i llavors van succeir dos fets fatídics: d'una part s'hi va abraonar amb tant d'entusiasme que es va oblidar de tancar l'ull, i de l'altra va apuntar malament. Com en el cas de l'erupció lila d'ara, ja teníem aquí un cas ben monstruós i esperpèntic servit. L'oftalmòleg es va mirar la imatge de l'ull sucat amb un líquid de contrast una vegada i una altra mentre repetia:

«En tota la meva carrera de metge no havia vist mai res igual». El «res igual» era el perfil perfectament ondulat de la patata esculpit a l'ull de la meva menor d'edat a càrrec. Llavors els mòbils no tenien càmeres de fotos, si no hauria immortalitzat la imatge per enviar-la de record a la multinacional patatera. La cosa no va ser greu. Gotes, un pedaç a l'ull que va durar tres segons i la decisió familiar de passar-se a les patates a la vinagreta, més inofensives.

També, esclar, la certesa que no seria l'última vegada que sentiria aquella frase. Efectivament, deu anys més tard una colla de metges del CAP es van aplegar al voltant de la meva filla estudiant la insòlita erupció lila. Cap d'ells no va saber-ne dir el què. «En tota la nostra carrera de metges...» va ser la previsible resposta col·lectiva. La mossa continuava demanant el Facebook, o sigui que no era greu. Així que la vaig arrencar dels braços d'aquells facultatius que es negaven a admetre que no tenien ni idea del que tenien al davant i vam marxar. L'erupció va desaparèixer, jo vaig seguir negant-li el Facebook (fins que va fer uns anys més) i sé que un dia algun altre seguidor d'Asclepi pronunciarà de nou les paraules de marres: «En tota la meva carrera...». La vida normal.

EXERCICIS DE REPÀS: EUGENIO, UN MODEL A SEGUIR

a) Agafa la càmera de fotografiar i observa les fotos dels darrers dotze mesos. Són totes les que estan dins la càmera perquè encara no has tingut temps de passar-les a l'ordinador, ni molt menys a paper! Mira-les i fes un comentari de text graciós de cadascuna en què apareguis. A la redacció cal que empris els mots i expressions *ridícul, espantós, se me'n fot, no sé com vaig poder*. Per exemple: atura't en les imatges de la matinada del dia de Reis, en què surts escabellada, ullerosa i amb la pell groga de cansament, mentre procuraves somriure als MEC cada vegada que aquests obrien un nou regal, i tu, en realitat, somiaves a tornar-te'n al llit. Esplaia't amb el color de la teva pell. En el moment en què et van despertar i vas veure que eren les 5.45. Escriu. Abona-t'hi. Escriu i riu. Abona-t'hi més.

b) Fes que els teus fills t'imitin davant teu i al seu torn, després, imita'ls tu a ells. Per fer-ho organitza un torneig d'imitacions divendres a la nit i convida de jurat els veïns de l'altra banda de la paret mestra. Ells, millor que ningú, sabran valorar les imitacions de tots plegats. Sobretot pel que fa als crits i les expressions emeses a un alt nivell de decibels. L'encert del vestuari sumarà punts.

c) Obliga't a fer una acció ridícula al mes (com has acabat anant a comprar al súper amb tres nens amb patinet que ara sostenen plegats amb una mà, mentre volen ajudar-te amb l'altra i amenacen de desmuntar les prestatgeries per culpa de tanta roda i tanta mà). Després passa a fer-ne una un cop a la setmana (com ha pogut ser que el dia que anaves a fer el canvi d'armari acabis amb vuit MEC rondant per casa?). I després un cop al dia (observa aquella samarreta de gimnàstica tan bellament rentada, planxada i desada... i ara oblidada a casa pel MEC propietari). Quan ja tinguis prou pràctica adona't de fins a quin punt el ridícul és, en realitat, rutina. T'hauràs acabat de convertir en una de les nostres.

EN AQUESTA LLIÇÓ HEM APRÈS... O POTSER NO, PERÒ COM A MÍNIM ENS HO HEM PASSAT BÉ

Que val més riure que plorar. I que com deia l'incomprès de Bernd Schuster... «No hace falta decir nada más».

EL DECÀLEG

Moisès va pujar al Sinaí, va tenir un intercanvi verbal i espiritual amb Iahvè i en va baixar amb les taules de la llei. La meva experiència és menys mística i més terrenal. Vaig parir tres fills, vaig equivocar-me, vaig equivocar-me, vaig equivocar-me i, al final, gràcies a unes ulleres de 3D, vaig veure la llum. Sí, d'un color blau i vermell sospitós, però la vaig veure. Els meu deu manaments ja us els he glossat, però com que sé que se us crema una truita al foc, que un dels MEC amenaça d'inundar el pis mentre comprova si és veritat que la banyera es pot arribar a omplir, i aquestes coses, us les deixo aquí escrites perquè us les memoritzeu, les enganxeu a la nevera o us les tatueu a l'esquena. Això ja és cosa vostra.

1.

Sortiràs de l'armari vestida amb ulleres de 3D.

2.

Recitaràs el mantra: «Escola, oh, dolça escola».

3.

Acceptaràs que Mary Poppins no existeix.

4.

Detectaràs les trampes mortals de festes, temps d'oci i altres situacions extremes.

5.

Aplicaràs les normes disciplinàries que et convinguin.

6.

Sobreviuràs als tres mesos d'estiu amb alegria.

7.

Esborraràs la paraula *culpa* del teu cervell.

8.

Estudiaràs els menors d'edat que tens a càrrec amb esperit científic.

9.

Aprendràs dels altres allò que et convingui. El que no et convingui, doncs no.

10.

Riuràs una vegada al dia, com a mínim, si pot ser, de tu mateixa.

GLOSSARI

MEC: menor d'edat a càrrec. Acostuma a ser parit o adoptat. També s'ha donat el cas d'algun petit alienígena que ha caigut del cel i que ha estat criat per una família com si res. Ara enteneu per què aquell nen dels veïns era estrany i feia coses tan estranyes? Doncs això.

Minimenor d'edat: el mateix que MEC però en l'edat cronològica compresa entre els zero dies i els dos anys. De vegades fins als tres.

Líquid taronja: líquid de color taronja que conté sucre i ibuprofèn que obra meravelles i miracles de ressuscitacions.

Líquid rosa: líquid de color rosa que conté sucre i paracetamol que obra meravelles i miracles de ressuscitacions.

Semenfotisme: actitud comuna entre els MEC davant de tantes i tantes situacions de la vida i les obligacions domèstiques.

Carallotisme: actitud comuna entre els MEC quan saben que han de fer alguna tasca domèstica o compliment de pacte de no-agressió entre germans, en què simulen una sordesa i un oblit sobtats.

Bandarrisme: mireu *carallotisme.*

Ferelpresseguisme: sentiment comú entre els progenitors dels practicants del bandarrisme, el carallotisme i el semenfotisme.

Estratègia GM: estratègia acceptada per la convenció de Ginebra que consisteix a fer-se la gata maula per aconseguir que els MEC no caiguin en el bandarrisme, el carallotisme i el semenfotisme.

Embarretar: utilització d'objectes domèstics a manera de barret. Serveix per amagar MEC en cas d'urgència.

Motivacional: que pretén motivar la realització de bones accions i canvis dràstics i radicals de vida suposadament positius. No funcionen.

Dies de lliure horriblició: aquells dies en què el sistema escolar decreta que és festa i que la societat laboral insisteix a recordar als progenitors que no ho és. Acostumen a ser entre quatre i set dies a l'any, en què s'han arribat a veure casos de nens abandonats a les portes de les escoles.

Bonrotllisme: actitud perillosa i bel·ligerant que insisteix a negar l'existència del tànatos i la misèria en els espècimens humans menors d'edat.

Autotrinxar: destrossar un mateix. Les vambes, per exemple. I en un temps rècord.

Pijiprogre: progenitors amants del menjar bio, els vestits de dissenyadors locals, les noves tecnologies i l'educació conscient, que viu en un barri benestant amb un toc bohemi i que tant du els MEC a escoles concertades com públiques. Acostuma a patir remordiments de consciència per dur-los a la concertada, per venut, i per dur-lo a la pública, perquè veu que no acaba de rutllar.

Caguntot: expressió favorita de la pitjor mare del món. Té efectes analgèsics.

Ancoratge: tècnica de desacceleració que consisteix a omplir les butxaques de pesos de plom. Té efectes antiestrès i sedants.

Viggo Mortensen: exemplar masculí que sovinteja les pantalles de cinema que desperta les fantasies més escapistes de la pitjor mare del món.

Clive Owen: exemplar masculí que sovinteja les pantalles de cinema que desperta les fantasies encara més escapistes de la pitjor mare del món.

Despollar: acció d'exterminar polls per la via manual i amb l'ajuda de pintes, pinces i armes químiques dels caps dels MEC.

Hèrnies discals espirituals: lesió de l'estat d'ànim de la pitjor mare del món.

LLIAVEXDESAMENMAPA: Lliga de l'Avorriment Extrem en Defensa de la Salut MENtal de les MAres i Pares.

Glamur: condició que no cal perdre mai, ni en les pitjors condicions.

Conflicte intergeneracional: la sal i el pebre del dia a dia familiar. Assegurança contra els fills okupes de trenta anys (okupes de domicili matern.)

Quedisme: tendència compulsiva dels MEC a quedar amb amics.

Naturisme hivernal: acció de quedar-se en pilotes a casa en ple hivern. És una de les activitats preferides de certs minimenors d'edat.

Escoliosímetre: estri de roba que serveix per dur penjat del coll els minimenors d'edat i que, de passada, produeix escoliosi.

Descalmar: acció oposada a calmar. Enervar.

***Adolescentis comunis*:** espècimen de MEC entre els dotze i els trenta anys.

Situacions torracollòniques: la majoria de les explicades en aquest llibre.

AGRAÏMENTS

Aquest llibre té padrins, vull dir que no ha nascut per generació espontània. De fet són padrins de llibre i padrins de creació de *La pitjor mare del món.* Els primers de la llista són l'Eva Piquer i el Carles Capdevila, que em van oferir l'oportunitat d'escriure al portal digital Criatures.cat. Recordo els correus electrònics que ens vam creuar amb l'Eva quan m'ho va proposar i el meu desconcert. «Com vols que parli de maternitat si sóc la pitjor mare del món?», li vaig deixar anar. A l'Eva li va semblar fantàstic el punt de partida i a mi, què voleu que us digui, també.

El novembre de l'any 2010 el portal, i per tant, el blog, es va traslladar a l'espai *Criatures* del nou diari *Ara.* Vaig tenir la gran fortuna de poder escriure un article d'opinió durant uns quants mesos a les pàgines de cultura mentre ho simultaniejava amb noves entrades al blog de *La pitjor mare del món.* Fins que més endavant, a partir del juliol del 2011, l'article a cultura va desaparèixer, alhora que la secció «La pitjor mare del món», va passar a ser escrita i setmanal al suplement *Criatures.*

He descobert que escriure articles m'agrada i el fet d'haver tingut bons interlocutors hi ha influït i molt. Per tant, nomeno també padrins d'aquest llibre l'Ignasi Aragay, el Cristian Segura, l'Ariadna Trillas i l'Aure Farran.

Però no seria just oblidar-me de les editores que han impulsat aquest llibre i hi han estat al darrere: la Isabel Sbert, la Pema Maymó, que va parlar del blog a la Isabel amb entusiasme, i la Berta Bruna, que l'ha portat a bon port.

I després hi ha tota la gent que m'ha salvat del frenopàtic, que ha procurat que la meva salut mental de progenitora nefasta fos una mica digna. És de justícia que també els nomeni padrins d'aquest merder. Són la meva família i els meus amics. Hi ha tanta, tanta gent dins d'aquestes dues paraules que aquí no hi prou espai per escriure la llista amb els seus noms. Sí, sóc afortunada. Tots ells saben que me'ls estimo (i no només perquè de tant en tant acullin un o tots els MEC a casa seva mentre m'airejo per aquests mons de Déu, o perquè són font d'inspiració d'alguns articles, o perquè, senzillament, m'escolten les aventures delirants, que també), però així i tot vull donar-los les gràcies per la paciència i la complicitat. I per no fugir per potes quan em veuen desesperada. He valorat que m'han fet estalviar uns 32.760 euros en teràpia. Ara podria quedar estupenda i afirmar que em partiré amb ells els drets d'autor, però no ho faré. Una, no sóc estupenda, dos, són tan macos que no acceptarien la proposta. Això sí, un sopar a casa meva saben que el tenen assegurat.